Königs Erläuterungen und Materialien

Band 469

Erläuterungen zu

Friedrich Schiller

Der Verbrecher aus verlorener Ehre

von Rüdiger Bernhardt

Bange Verlag

Über den Autor dieser Erläuterung:

Prof. Dr. sc. phil. Rüdiger Bernhardt lehrte neuere und neueste deutsche sowie skandinavische Literatur an Universitäten des In- und Auslandes. Er veröffentlichte u. a. Monografien zu Henrik Ibsen, Gerhart Hauptmann, August Strindberg und Peter Hille, gab die Werke Ibsens, Peter Hilles, Hermann Conradis und anderer sowie zahlreiche Schulbücher heraus. Von 1994 bis 2008 war er Vorsitzender der Gerhart-Hauptmann-Stiftung Kloster auf Hiddensee. 1999 wurde er in die Leibniz-Sozietät gewählt.

1. Auflage 2008
ISBN: 978-3-8044-1872-1

Titelabbildung: Friedrich Schiller
Druck und Weiterverarbeitung: Tiskárna Akcent, Vimperk

(Zitiert wird nach: Friedrich Schiller: *Der Verbrecher aus verlorener Ehre. Eine wahre Geschichte.* 160. Hamburger Leseheft. Husum/Nordsee: Hamburger Lesehefte Verlag, 2005. – Ergänzungen und Varianten werden zitiert nach: *Schillers Werke. Nationalausgabe.* Herausgegeben im Auftrag des Goethe- und Schiller-Archivs und des Schiller-Nationalmuseums von Julius Petersen und Hermann Schneider. Bd. 16, hrsg. von Hans Heinrich Borcherdt: Erzählungen. Weimar: Hermann Böhlaus Nachfolger, 1954, Sigle: NA und Seitenangabe, bei anderen Texten aus der Nationalausgabe NA, Band- und Seitenangabe.)

Vorwort

Friedrich Schillers Erzählung *Der Verbrecher aus verlorener Ehre* (1786) hat ihren Platz in Sammlungen von Kriminalliteratur wie *Das verlorene Gewissen. Kriminalerzählungen der Weltliteratur*[1] gefunden; aber sie wurde auch als Dokument der moralischen Grundsätze Schillers und seiner Überlegungen zu den psychologischen Ursachen für menschliche Handlungen gesehen. Sie ist auch ein Ergebnis der naturwissenschaftlichen Studien Schillers auf der Karlsschule. Die Erzählung gilt als Vorläufer Kleist'scher Erzählmeisterschaft wie *Michael Kohlhaas* (1810) und als Beispiel, wie das **Böse ästhetisch faszinieren** kann. Die gleichzeitig wuchernde Abenteuer- und Räuberliteratur wurde von Schillers Erzählung nicht ausgelöst, sondern entwickelte sich parallel, wurde aber durch Schiller befördert, dessen Erzählung sich jedoch nicht auf eine Räubergeschichte festlegen lässt, denn das Räuberthema ist nur sehr beiläufig aufgenommen worden. Dass *Der Verbrecher aus verlorener Ehre* Anregung für hochangesehene und hochpolitische Literatur war, wird schon in der Parallelität der Titel deutlich: Heinrich Böll: *Die verlorene Ehre der Katharina Blum*, 1974.
Schiller hatte für die Prosa kaum spezielle ästhetische Überlegungen angestellt, im vorliegenden Fall sehr viel mehr naturwissenschaftlich-medizinische. Prosa, speziell Romane, galten ihm wenig, der Romanschreiber war für ihn allenfalls ein „Halbbruder"[2] des Dichters. Doch galt ihm für die Prosa der Tatsachenbericht höher als die subjektive Intensität. Mit Erzählungen wie dem *Verbrecher aus verlorener Ehre* wollte er ein

1 Franz Fabian (Hrsg.): *Das verlorene Gewissen. Kriminalerzählungen der Weltliteratur.* Weimar: Gustav Kiepenheuer Verlag, 1959 (vgl. S. 90 f. dieser Erläuterung)

2 Schiller: *Über naive und sentimentalische Dichtung.* In: Schiller: Sämtliche Werke. 12. Band, Leipzig: Max Hesses Verlag, o. J., S. 146

sensationshungriges Publikum befriedigen, wie es heute Boulevardzeitungen tun. Doch sollte seine Erzählung im Sinne der Aufklärung dabei eine „Schule der Bildung" (4) sein.
Die merkwürdige **Stellung der Erzählung** zwischen schnell vergänglichem Pressebeitrag und aufschlussreichem Zeitdokument, zwischen Publizistik und Meistererzählung hat zu eigenartigen Wertungen geführt. In Literaturgeschichten wird sie bis ins 20. Jahrhundert entweder nur beiläufig, auch abwertend oder oft gar nicht erwähnt[3], in Biografien Schillers mehr beiläufig als ausführlich. Das ist auch die Folge davon, dass Schiller als Dramatiker, nicht als Prosaautor gilt. Dafür haben sich ihr zahlreiche didaktische Erläuterungen gewidmet, sie hat seit den sechziger Jahren des vorigen Jahrhunderts umfangreiches Interesse gefunden und sie hat sich für gegenwärtige Projekte, die sich mit der Hilfe für Straffällige beschäftigen, empfohlen. Das macht deutlich, dass diese Erzählung aktueller denn je ist. Die Ursache liegt im Stofflichen und in der spannend erzählten Geschichte, die mit einer Gesellschaftskritik versehen wurde, die bis heute ihre Gültigkeit behalten hat, und mit einer psychologischen Analyse verbunden wurde, die ebenfalls nichts von ihrer Bedeutung eingebüßt hat.

3 In dem Standardwerk Hermann Hettner: *Geschichte der deutschen Literatur im 18. Jahrhundert* (Berlin: Aufbau-Verlag, 1961), Bd. 2, S. 297 heißt es über die Erzählung lediglich: „... die gleichzeitige kleine Novelle *Der Verbrecher aus verlorener Ehre* ist an psychologischer Feinheit dem *Geisterseher* vergleichbar."

1. Friedrich Schiller: Leben und Werk

1.1 Biografie

Jahr	Ort	Ereignis	Alter[4]
1759	Marbach am Neckar	10. November: Johann Christoph Friedrich Schiller als zweites Kind geboren. Vater: Johann Kaspar Schiller, Feldscher, Wundarzt, Offizier; Mutter: Elisabeth Dorothea, geb. Kodweiß, Gastwirtstochter.	
1764/66	Lorch	Die Familie folgt dem Vater in seine Standorte, zieht mehrfach um und wohnt schließlich in Lorch: erster Elementarunterricht.	5/7
1766		Schwester Luise (1766–1836) und die spätere Ehefrau Charlotte von Lengefeld (1766–1826) geboren. Umzug nach Ludwigsburg.	7
1767–72	Ludwigsburg	Eintritt in die Lateinschule; das Kind soll Geistlicher werden. Besuch der Schule gemeinsam mit Friedrich Wilhelm von Hoven. Schulabschluss 1772; Aufforderung des Herzogs an den	8–13

4 Da Schiller so spät im Jahr geboren wurde, wird in der Spalte für sein Alter das jeweils tatsächliche Lebensjahr angegeben.

Jahr	Ort	Ereignis	Alter
		Vater, den Sohn auf die Militärische Pflanzschule (später: Karlsschule) zu entsenden. Erste dramatische Versuche.	
1773–80	Stuttgart	16. Januar: Aufnahme in die Militärische Pflanzschule des Herzogs Karl Eugen von Württemberg, anfangs auf der Solitude bei Stuttgart, dann in Stuttgart selbst. Kasernenleben. Juristische, seit 1776 medizinische Studien. Mehrfache Erkrankung. Druck des ersten Gedichts (*Der Abend*) 1776.	13–21
1777	Stuttgart	Erste Szenen der *Räuber*. Sie erscheinen 1781. Lektüre: Rousseau, Plutarch, Goethe und Shakespeare.	18
1779/80	Stuttgart	**Schiller erfährt von seinem Lehrer Abel die Geschichte des Sonnenwirts Schwan, Anlass zu *Der Verbrecher aus verlorener Ehre*.**	20
1779	Stuttgart	14. Dezember: Stiftungstag der Karlsschule in Anwesenheit Karl Augusts von Sachsen-Weimar und Eisenach, Goethes und des Freiherrn von Dalberg (seit 1778 Intendant des Mannheimer Theaters).	20

Jahr	Ort	Ereignis	Alter
1780	Stuttgart	Nach der Ablehnung der ersten Dissertation reicht Schiller eine weitere ein: *Über den Zusammenhang der tierischen Natur des Menschen mit seiner geistigen.* 15. Dezember: Entlassung aus der Militärakademie.	21
1780–82	Stuttgart	15. Dezember 80: Regimentsmedikus bei dem Grenadierregiment Augé. Militärarzt und Dichter. Hat den Ruf eines Verschwenders.	21–23
1781	Frankfurt a. M./Leipzig Mannheim	*Die Räuber* vollendet und anonym gedruckt. Herbst: Durch Vermittlung seines Taufpaten General Rieger, Kommandant des Gefängnisses, Besuch bei dem zehn Jahre eingekerkerten Dichter und Publizisten Christian Friedrich Daniel Schubart (1739–1791) auf dem Hohenasperg. – Uraufführung der *Räuber* am 13. 01. 1782 im Beisein Schillers, der sich unerlaubt von Stuttgart entfernt hatte. Der Herzog verbietet Schiller, Komödien „und dergleichen Zeug" zu schreiben.	22

Jahr	Ort	Ereignis	Alter
1782	Stuttgart	Nach Arrest (28. 06. bis 11. 07.) wegen der zweiten unerlaubten Reise nach Mannheim und Verbots des „Komödienschreibens" durch den Herzog flieht Schiller am 22. 09. als „Dr. Ritter" mit seinem Freund Andreas Streicher[5] über Schwetzingen, Mannheim, Darmstadt, Frankfurt a. M., Mainz, Worms und Meiningen auf das Gut Henriette von Wolzogens in Bauerbach.	22
1782	Bauerbach	Ankunft am Abend des 7. Dezember. Bereits zwei Tage später bittet Schiller um zahlreiche Bücher (Lessing, Garve, Shakespeare, A. Smith u. a.) und beginnt mit literarischen Arbeiten.	23
	Bauerbach	Erster Plan zum *Dom Karlos* („Bauerbacher Entwurf"). Freundschaft mit dem Bibliothekar Reinwald, der später Schillers Schwager wird. 24. Juli: Plötzliche Abreise nach Mannheim.	

5 Johann Andreas Streicher (1761–1833), ein junger Stuttgarter Musiker, der aus einer Handwerkerfamilie stammte, sah Schiller erstmals am 12. Dezember während der Medizinprüfungen und am 15. Dezember 1780 bei der Entlassung aus der Karlsschule. Im Juni 1781 lernten sich beide persönlich kennen und Streicher stellte das für seine Musikausbildung vorgesehene Geld für die Flucht 1782 zur Verfügung und begleitete Schiller bis Worms. Am 8. April 1785 verabschiedeten sich beide in Mannheim voneinander, als Schiller nach Leipzig aufbrach, und sie sahen sich danach nie wieder. Er schrieb *Schillers Flucht von Stuttgart und Aufenthalt in Mannheim von 1782 bis 1785.* Stuttgart und Augsburg, 1836.

Jahr	Ort	Ereignis	Alter
1783	Mannheim	1. September bis 31. August 1784: Theaterdichter bei Dalberg, wenig Gehalt und hohe Ausgaben. Schwere Erkrankung.	23–24
1784	Mannheim	Mai: Bekanntschaft mit Charlotte von Kalb (1761–1843). Uraufführung des *Fiesco* und *Kabale und Liebe.* Juni: Erste Begegnung mit Charlotte von Lengefeld, seiner späteren Frau. Vertrag als Theaterdichter wird nicht erneuert. Karl August von Sachsen-Weimar und Eisenach verleiht ihm den Titel „Rat" (27. 12. 1784) nach der Lesung des 1. Aktes von *Dom Karlos* vor dem Darmstädter Hof.	24–25
1785	Mannheim	März: Veröffentlichung der *Rheinischen Thalia* (einziges Heft, das später als 1. Heft der *Thalia* gezählt wird).	25
1785–87	Dresden	Auf Einladung Christian Gottfried Körners ist Schiller zuerst Gast in Leipzig (Gohlis), dann in Dresden (11. 09. 85 bis 20. 07. 87, u. a. im Weinberghäuschen in Loschwitz). Körner regelt Schillers Finanzen. Freundschaft mit Huber und	25–28

Jahr	Ort	Ereignis	Alter
		der Familie Körner. Leidenschaft zu Henriette von Arnim, Trennung. Veröffentlichung des *Dom Karlos* mit Hilfe Körners.	
1786	Leipzig	Der Verleger Göschen übernimmt die *Rheinische Thalia* unter dem Namen ***Thalia*, in deren 2. Heft am 16. Februar *Verbrecher aus Infamie*, so der erste Titel der Erzählung *Der Verbrecher aus verlorener Ehre*, anonym erscheint.**	26
1787	Weimar	Juli: Reise zu Charlotte von Kalb. Bekanntschaft mit Wieland, Herder, Herzogin Anna Amalia u. a. August: Aufenthalt in Jena.	27
	Rudolstadt	6. Dezember: Trifft wieder auf die Schwestern von Lengefeld. Es entwickelt sich eine spannungsvolle Dreiergemeinschaft.	28
1788	Weimar	Intensive historische Studien. Begegnungen mit Charlotte von Lengefeld.	29
	Volkstädt	Mai: Charlotte von Lengefeld mietet Schiller eine Wohnung. Tägliche Besuche bei der Familie in Rudolstadt, wohin er im August umzieht. 7. September: Eine erste Begegnung mit Goethe bei den Lengefelds verläuft distanziert.	

Jahr	Ort	Ereignis	Alter
	Weimar	15. Dezember: Goethe sorgt dafür, dass Schiller auf eine außerordentliche Professur für Philosophie (Geschichte ist besetzt) zu Ostern 1789 in Jena berufen wird. Dankbesuch bei Goethe.	
1789	Jena	11. Mai: Übersiedlung nach Jena, historische Studien. 26. Mai: erfolgreiche Antrittsvorlesung *Was heißt und zu welchem Ende studiert man Universalgeschichte?* Auf einer Reise nach Leipzig macht ihm Charlottes Schwester Karoline von Beulwitz, die Schiller ebenfalls liebt, in Bad Lauchstädt Hoffnung auf eine Verbindung mit Charlotte. Geheim gehaltene Verlobung im August.	29
	Rudolstadt	September/Oktober: einmonatiger Urlaub. Historische Arbeiten. Charlotte von Kalb will die Ehe lösen und hofft, sich mit Schiller zu verbinden. Verwirrung in den persönlichen Beziehungen, da er beide Schwestern von Lengefeld gleichermaßen liebt.	

Jahr	Ort	Ereignis	Alter
1790	Jena	2. Januar: Hofrat des Meininger Hofs.	30
	Wenigenjena	22. Februar: Trauung mit Charlotte von Lengefeld.	
	Jena	Goethe besucht Schiller am 31. Oktober in Jena; sie sprechen über die Philosophie Kants.	
1791	Jena	Januar: Ausbrechen der schweren Krankheit Schillers (krupöse Pneumonie, begleitet von einer trockenen Rippenfellentzündung), die ihn für das weitere Leben belastet. An seinem Krankenbett wacht auch der junge Novalis. Schiller wird von den Vorlesungsverpflichtungen entbunden. Beginn der Kant-Studien.	31
	Karlsbad	Juli: Mit Charlotte und Karoline zur Kur.	
	Kopenhagen	Dezember: Das Gerücht von Schillers Tod war zu dem dänischen Schriftsteller Jens Baggesen gelangt, der Schiller 1790 in Jena besucht hatte. Nachdem es sich als falsch herausstellt, erwirkt er beim Herzog Friedrich Christian von Schleswig-Holstein-Augustenburg für Schiller eine Pension für drei Jahre.	32

Jahr	Ort	Ereignis	Alter
1792	Jena	Fortsetzung der Kant-Studien. Er erfährt aus der Zeitung, dass er „Bürger Frankreichs" geworden ist (Diplom erst 1798 erhalten). Trägt sich mit dem Gedanken einer Denkschrift zur Verteidigung des französischen Königs.	32
	Leipzig	**August: Schiller nimmt die Erzählung *Der Verbrecher aus verlorener Ehre* leicht verändert (ncuer Titel, Kürzungen, stilistische Korrekturen) in den 1. Band (S. 291–345) der *Kleineren prosaischen Schriften* (bei Siegfried Lebrecht Crusius) auf.**	
1793	Paris	21. Januar: Die Hinrichtung des Königs verhindert die Realisierung von Schillers Denkschrift und löst Ekel über die „Schinderknechte" bei ihm aus.	33
	Jena	April/Mai: Ende der letztlich wenig erfolgreichen Universitätstätigkeit mit einem Kolleg über Ästhetik. Sein Nachfolger trifft erst im April 1794 ein.	

Jahr	Ort	Ereignis	Alter
1793–94		Juli: Besuch Baggesens in Jena, Reise mit Charlotte nach Schwaben, zeitweise mit Baggesens. 14. September: Geburt des ersten Sohnes Karl, drei weitere Kinder folgen.	33–34
	Stuttgart	Im Oktober 1793 beim Besuch der Karlsschule enthusiastisch gefeiert. März 1794: Übersiedlung nach Stuttgart, vielfältiger gesellschaftlicher und wissenschaftlicher Umgang, Freundschaft mit dem Verleger Cotta. Rückreise über Würzburg und Meiningen.	
1794	Jena	14. Mai: Rückkehr. Freundschaft mit Wilhelm von Humboldt, mit Goethe seit dem Gespräch über Arten der Naturbetrachtung am 20. Juli. In den nächsten Jahren gemeinsame Arbeit (u. a. an den *Xenien*, am *Wallenstein*).	34
1797	Jena	„Balladenjahr" (Wettstreit mit Goethe).	38
1798	Weimar	12. Oktober: Uraufführung: *Wallensteins Lager* anlässlich der Eröffnung des umgebauten Theaters. Die dramatische Laufbahn wird wieder fortgesetzt. Die Einkünfte steigen.	38

Jahr	Ort	Ereignis	Alter
1799	Weimar	3. Dezember: Schillers Familie zieht nach Weimar.	40
1801	Dresden	August: Reise über Naumburg nach Dresden, Wohnung wiederum im Weinberghaus in Loschwitz, 20. September wieder in Weimar.	41
1802	Weimar	April: Einzug in das erworbene Haus an der Esplanade (heute: Schiller-Haus).	42
	Wien	Schiller erhält am 16. November aus Wien das Adelsdiplom vom 7. September über den erblichen Adel.	43
1803	Bad Lauchstädt	Aufenthalt vom 2. bis 14. Juli, wird von Studenten aus Halle und Jena nach der Aufführung der *Braut von Messina* gefeiert.	43
1804	Berlin	26. April: Reise nach Berlin über Weißenfels, Leipzig und Potsdam. Audienz bei Königin Luise, die ihn nach Berlin holen möchte. Am 21. Mai wieder in Weimar. Gibt Gedanken an Berlin auf.	44

Jahr	Ort	Ereignis	Alter
1805	Weimar	1. Mai: Letzter Theaterbesuch und letzte Begegnung mit Goethe. Erkrankt an akuter Pneumonie. 9. Mai: Schillers Tod. 12. Mai traditionsgemäß zwischen 0 und 1 Uhr: Beisetzung im „Landschaftskassengewölbe" (Grablege für Standespersonen ohne Erbbegräbnis).	45
1827	Weimar	16. Dezember: Beisetzung in der Fürstengruft.	

1.2 Zeitgeschichtlicher Hintergrund

Geist der Aufklärung

Schillers Erzählung ist aus dem Geist der Aufklärung entstanden. Das wird in dem angestrebten dokumentarisch-rationalen Charakter ebenso deutlich wie in der Frage nach der Abhängigkeit der Moral von den sozialen Bedingungen und dem Sieg der Tugend, Gerechtigkeit und Ordnung über Laster und Verbrechen. **Aufklärung bedeutete hier**

> *„bohrende Analyse einer Tat bis zu einem uns allen gemeinsamen Entstehungsort, geleitet von dem Ziel, unser Verstehen und unsere Toleranz, aber auch unseren Willen nach einer Veränderung zu wecken, einer Veränderung der Umstände, die eine Lebensgeschichte in tödliche Irre führen"*[6].

Der territoriale Hintergrund der Erzählung war **Württemberg.** Das Land von etwa einer halben Million Einwohner war innerhalb der völlig zersplitterten Region – ein Höhepunkt der deutschen Kleinstaaterei – eine „Art Großstaat in dem schwäbischen Reichskreise"[7]. Bereits 1752 hatte es sich gegenüber Frankreich vertraglich verpflichtet, ständig 6 000 Soldaten für französische Dienste bereitzuhalten. 1759 wurde das Kontingent auf 12 000 erhöht. Auf diese Art wurde Württemberg in den Siebenjährigen Krieg (1756–1763) gegen Preußen verwickelt, obwohl die Bevölkerung den Krieg gegen Preußen hasste. Das protestantische Preußen war ein natürlicher Partner Württembergs, denn Württemberg war die Stütze des Protestantismus im südlichen Deutschland; dadurch erklärt sich auch, dass Christian Wolf Soldat in Preußen werden möchte (19).

---

6 Sautermeister, S. 274

7 Franz Mehring: *Schiller. Ein Lebensbild für deutsche Arbeiter* (1905). In: Franz Mehring: Gesammelte Schriften, hrsg. von Thomas Höhle u. a., Berlin: Dietz Verlag, 1961, Band 10, S. 99

Schiller befand sich in einer **kritischen Phase**. Seine Existenz als Theaterdichter in Mannheim war völlig und unter widrigen Umständen zusammengebrochen. Die Versuche, sich als Publizist durchzusetzen, waren bereits am Beginn gescheitert. Finanziell war der Dichter in höchster Not und sozial gab es keinerlei Sicherheiten mehr. Da entsann er sich der bis dahin persönlich unbekannten Freunde, die ihn mit Briefen und Geschenken bedacht hatten und sich nun, angeführt von dem wohlhabenden und verständnisvollen Christian Gottfried Körner, als Retter in höchster Not erwiesen. Mit der *Rheinischen Thalia*, aus der in Leipzig die *Thalia* wurde, wollte er auch den Beweis für Eigenständigkeit und finanzielle Unabhängigkeit ablegen. Zu den Arbeiten, die schnell zur Hand waren, um die Zeitschrift zu füllen, gehörte auch *Verbrecher aus Infamie*. Schiller vermied es, das geschilderte Verbrechen am trockenen Tugendbegriff der Aufklärung zu messen, der nur gebändigte Leidenschaften umfasst. Für Schiller waren die Vergehen und die daraus entstehenden Verbrechen Wolfs die Folge einer ungebändigten Leidenschaft unter widrigen Umständen. Das war der Übergang von der Aufklärung zum Sturm und Drang. Besonders die französischen Aufklärer beeinflussten die deutschen Schriftsteller der Aufklärung und des Sturm und Drang, da sie es zur wesentlichen Aufgabe der Kunst und Literatur bestimmten, die Tugend zu ehren und die Verbrechen und Laster zu enthüllen. Besonders die von Diderot und d'Alembert herausgegebene *Enzyklopädie* (1751–72, 28 Bände) förderte die Verbreitung dieser Ansichten. Im ersten Abschnitt von Schillers Erzählung klingen Passagen aus dem Abschnitt „Naturrecht – Droit naturel" der *Enzyklopädie* an, ehe Schiller seinen Christian Wolf sich zum „natürlichen Recht" (8) bekennen lässt.

In der *Enzyklopädie* heißt es, nachdem Gutes und Böses als abhängig vom Materiellen außerhalb der Seele beschrieben wurde:

> *„Wir haben Leidenschaften und Bedürfnisse. Wir wollen glücklich sein; doch in jedem Augenblick fühlt sich der ungerechte und leidenschaftliche Mensch geneigt, dem anderen etwas anzutun, obwohl er wünscht, dass man es ihm nicht antue … Aber welche Vorwürfe können wir dem Menschen machen, der von so heftigen Leidenschaften gequält wird, dass ihm sogar das Leben zur Last fällt, wenn er sie nicht befriedigt …“*[8]

„Triebfedern“ des menschlichen Verhaltens

Dass sich Schiller bei den Leidenschaften auf Verbrechen konzentrierte, hing mit der Ansicht zusammen, dass die „Triebfedern“ des menschlichen Verhaltens „bei solchen Anlässen, wo Leben, Freiheit und Eigentum auf dem Spiele steht, sichtbarer“ hervorträten und der Kriminalrichter „tiefere Blicke in das Menschenherz“[9] tun könne. Schließlich wollte Schiller auch nachweisen, dass es in Deutschland ebensolche Leidenschaften gäbe wie sie aus England und Frankreich übermittelt würden. Das hatte er bereits bei der Entstehung der *Räuber* in C. F. D. Schubarts *Zur Geschichte des menschlichen Herzens* (1775), die zur Quelle der *Räuber* wurde, lesen können. Schillers berühmtes Schauspiel *Die Räuber* (1781, Uraufführ. 1782), das ebenfalls auf aktuelle Kriminalfälle zurückging, hatte sich der Aufgabe angenommen, den edlen Verbrecher und den verbrecherischen Aristokraten vorzustellen und dabei die Austauschbarkeit von Tugend und Verbrechen in den Blick genommen: Der Verbrecher war der edle Räuber Karl Moor, der Tugendwächter der verbrecherische Franz Moor.

aktuelle Kriminalfälle

Die zeitgenössischen Verhältnisse vor der Französischen Revolution und der amerikanische Unabhängigkeitskrieg wurden

---

8 Diderot, d'Alembert: *Artikel aus der Enzyklopädie*. Ausw. u. Einf. von Manfred Naumann. Übers. von Theodor Lücke. Leipzig: Reclam, 1984, S. 245 f.

9 Schiller: *Vorrede zu dem ersten Teile der merkwürdigsten Rechtsfälle nach Pitaval*, S. 142

von Schiller ständig mitgedacht. Den Unabhängigkeitskrieg hatte er schon in *Kabale und Liebe* (1784) aufgenommen, zusätzliche Informationen bekam er von Heinrich von Kalb – Charlotte von Kalbs Mann, der 1784 gerade aus Amerika zurückgekommen war, wo er in französischen Diensten gegen die Engländer gekämpft hatte. –
Die Ideen der Aufklärung und der französischen Enzyklopädisten waren Schiller durch seine Ausbildung vertraut. Das Studium der Medizin versah ihn mit naturwissenschaftlichen Kenntnissen. Sie waren durchweg materialistischer Natur, vermittelt durch seinen Lehrer Abel, von dem er auch den Stoff zu der Erzählung erfuhr. Abel vertrat, wenn auch gemildert, die Ansichten der iatromechanischen Schule: Sie betrachtete den menschlichen Leib als ein Ensemble von Körpern und Flüssigkeiten, die durch mechanische Vorgänge bewegt werden. Abel inspirierte Schiller dazu, auch geistige Vorgänge auf diese Mechanik zurückzuführen. Schon in der Eröffnung seiner Erzählung fragt Schiller, „wie viel man auf die Mechanik der gewöhnlichen Willensfreiheit eigentlich rechnen darf" (3). Dass Schiller den wichtigsten Wissenschaftler dieser Schule, Julien Offray de La Mettrie, kannte, ist anzunehmen, war doch La Mettrie seit Februar 1748 Leibarzt und Vorleser Friedrich II. (des Großen) von Preußen. **La Mettries Werk *Der Mensch eine Maschine*** (*L'homme machine*, 1747) hatte wegen seiner atheistisch-materialistischen Grundlegung und seiner daraus abgeleiteten Triebkräfte des Menschen Aufsehen erregt. Schiller war ein psychologisch erfahrener, philosophierender Arzt, wie ihn sich La Mettrie gewünscht hatte: „Der Arzt ist der einzige Philosoph, der sich um sein Vaterland verdient macht."[10] Dass Schiller um La Mettries Schrift wusste, lässt seine Dis-

10 Julien Offray de La Mettrie: *Der Mensch eine Maschine*. Leipzig: Reclam jun., 1965 (Universal-Bibliothek, Bd. 110), S. 13

sertation *Über den Zusammenhang der tierischen Natur des Menschen mit seiner geistigen* (1780), die materialistisch geprägt ist, vermuten. In diesem Umfeld kann Schillers Erzählung unter medizinischen Gesichtspunkten als ein Experiment gelesen werden, das man zu beobachten hatte.
Schiller hatte einen entschiedenen Wandel durchgemacht: Hatte er sich um 1772 für Theologie interessiert, christliche Märtyrer verherrlicht und sich gegen allen Materialismus gewandt, so trat er nun für die Beobachtung der Mechanik des Körpers als Grundlage der Erkenntnis von der menschlichen Seele ein. In der Erzählung lassen sich solche Zusammenhänge mehrfach differenziert nachlesen; beeindruckend ist die Beschreibung des Mordes als Abfolge körperlicher Bewegungen und deren Umschlag in Gefühle: „Rache und Gewissen rangen hartnäckig und zweifelhaft, aber die Rache gewanns" (10). In seiner Dissertation *Über den Zusammenhang der tierischen Natur des Menschen mit seiner geistigen* näherte sich Schiller Ansichten des Dichters und Physiologen Albrecht von Haller, dem La Mettrie seine berühmte Schrift gewidmet hatte, um ihn zu verspotten: Der fromme Haller geriet dadurch in die Nähe der französischen Materialisten und wehrte sich energisch dagegen. Bei aller Anerkennung polemisierte Schiller unter der Kapitelüberschrift „Trägheit der Seele macht die Bewegungen der Maschine träger" gegen Hallers These, dass die Erregungen des Tages den abendlichen Puls beschleunigten. Er setzte dagegen, ob dann „Nichttätigkeit" ihn nicht „gar aufheben" müsse, schloss aber weitere Überlegungen dazu ab, weil das „auf Spitzfindigkeiten"[11] führe.

Beobachtung der Mechanik des Körpers

11 Schiller: *Über den Zusammenhang der tierischen Natur des Menschen mit seiner geistigen*. In: Schiller: Sämtliche Werke. 10. Band, Leipzig: Max Hesses Verlag, o. J., S. 23

Andererseits berief sich Schiller auf naturwissenschaftliche und philosophische Größen wie Christian Garve, dessen Schriften, insbesondere die Übersetzungen und Anmerkungen zu Adam Ferguson[12], er während des Studiums anhaltend las und den er später zur Mitarbeit an den *Horen* einlud, dazu Boerhaave und Schillers Gegner Georg Ernst Stahl („ohne ein Stahlianer zu sein"[13]), Linné und Newton. Manches erinnerte auch noch im Text der Erzählung an La Mettrie: Schiller („Linnäus", 3) und La Mettrie[14] bezogen sich auf den Naturwissenschaftler Linné und wurden damit dem Zeitverständnis gerecht. Schillers Ordnungsprinzip der „Mechanik der gewöhnlichen Willensfreiheit" (3) war dem Ordnungsprinzip La Mettries vom „Mechanismus des Körpers"[15] ähnlich. Der Begriff der „Mechanik" war wie der Begriff der „Triebfeder" ein Terminus technicus Schillers und La Mettries. Schiller schrieb am 7. Mai 1785 an Körner:

> *„Ich weine über diese organische Regelmäßigkeit des größesten Teils in der denkenden Schöpfung, und den preise ich selig, dem es gegeben ward, der Mechanik seiner Natur nach Gefallen mitzuspielen und das Uhrwerk empfinden zu lassen, dass ein freier Geist seine Räder treibt."*[16]

12 Ferguson (1723–1816) war ein englischer Historiker und Philosoph, der die Moral auf Grundprinzipien der menschlichen Natur zurückführte: Trieb der Selbsterhaltung, Trieb der Geselligkeit, Trieb der Vollkommenheit. Garve übersetzte Fergusons wichtigste Schrift *Die Einrichtung der Moralphilosophie* (1772).

13 Schiller: *Über den Zusammenhang der tierischen Natur des Menschen mit seiner geistigen*. In: Friedrich Schiller: Sämtliche Werke. 10. Band, Leipzig: Max Hesses Verlag, o. J., S. 29

14 Julien Offray de La Mettrie: *Der Mensch eine Maschine*. Leipzig: Reclam jun., 1965 (Universal-Bibliothek, Bd. 110), S. 21

15 ebd., S. 33

16 Friedrich Schiller: *Briefe* in zwei Bänden, ausgewählt und erläutert von Karl-Heinz Hahn. Berlin und Weimar: Aufbau-Verlag, (BDK) 1982, 1. Band, S. 80. – Vgl. die Ausführungen dazu bei Damm, S. 58

In der Eröffnung der Erzählung (3) finden sich naturwissenschaftliche Kenntnisse Schillers in der Begrifflichkeit wieder: „Erfahrung", „Seelenlehre", „Mechanik", „Ordnung", „Linnäus" (Linné) und „analogisch". Insbesondere in seiner Dissertation aber fragte Schiller nach dem Zusammenhang von Physiognomie und Moral, das wurde **in der Erzählung zu einem zentralen Thema**. Wurde der Sonnenwirt Christian Wolf ein Verbrecher, weil „die Natur ... seinen Körper verabsäumt" (5) hatte, weil er ein hässlicher Mensch war? Wird der Mensch zum Verbrecher, wenn sein Körper und sein Äußeres abstoßend sind? Lösen Krankheiten, „diejenigen vorzüglich, die man die bösartigen nennt und die aus der Ökonomie des Unterleibs hervorgehen", eine „sonderbare Revolution im Charakter"[17] aus? Alle diese Fragen stellen sich bei der Lektüre der Erzählung.

Zusammenhang von Physiognomie und Moral

Die Folge der naturwissenschaftlichen Studien Schillers war, dass seine idealistische Erziehungskonzeption eine **materialistisch-atheistische Grundlage** bekam. Das wirkte sich auf seinen Christian Wolf aus: Ihm fielen nach seinem Mord „Gottes Gerichte" (11) nicht ein, sondern vielmehr die staatliche Macht. Als er sich schließlich freiwillig der Justiz stellt, unterwirft er sich „Vertrauen und Achtung" (22), die „Barmherzigkeit bei Gott" (22) überlässt er dem Oberamtmann. Dass „Gott ... einmal gnädig sein werde" (22), wünscht er dem Landesherrn: Er dagegen hofft, vergeblich, auf dessen Gnade, nicht auf die Gottes. Das geschah in völliger Übereinstimmung mit Schiller, dem bei seinen einführenden Überlegungen zum Verhältnis von Körper und Seele nicht ein einziges Mal überirdische Kräfte einfielen, obwohl er „in tausenderlei Formen und

17 Schiller: *Über den Zusammenhang der tierischen Natur des Menschen mit seiner geistigen.* In: Friedrich Schiller: Sämtliche Werke. 10. Band, Leipzig: Max Hesses Verlag, o. J., S. 25

Richtungen" (3) dachte, und der, als er 1785 in Leipzig ankam, mit dem christlichen Glauben gebrochen hatte.

Bei der Erzählung *Der Verbrecher aus verlorener Ehre* müssen drei Voraussetzungen berücksichtigt werden:

1. Die Erzählung steht im Zusammenhang mit Schillers naturwissenschaftlicher und medizinischer Bildung; in ihr schlagen sich aber auch seine juristischen Studien, vor allem die zum Naturrecht, nieder.
2. Die Erzählung untersucht den Zusammenhang zwischen Körper und Seele unter naturwissenschaftlichem Gesichtspunkt. Schiller ging von der Frage aus, ob ein hässlicher Körper notwendigerweise zu einem kriminellen Verhalten führe und in welchem Verhältnis Körper und Geist/Seele stehen.
3. In Schillers literarischen Gestalten jener Zeit, also sowohl in Franz und Karl Moor als auch in Christian Wolf, schlagen sich die Erfahrungen seiner medizinischen und juristischen Kenntnisse nieder und machen aus den literarischen Gestalten Experimentalfiguren. Das ging so weit, dass Schiller in seiner medizinischen Dissertation Belege aus der Tragödie *Life of Moor* eines gewissen „Krake" anführte, die in Wirklichkeit bereits aus seinen *Räubern* stammten.[18]

Ablehnend reagierte Schillers Erzählung auf Lavater und seine **Theorie von der Physiognomie** (*Physiognomische Fragmente zur Beförderung der Menschenkenntnis und Menschenliebe*, 1775–1778). Lavaters Grundthese war, dass sich die menschliche Psyche im Physischen, besonders im Körperbau, aber auch in den Bewegungen, Umrissen und Stellungen des Körpers ausdrücke. Er

Lavaters Grundthese

18 ebd., S. 21

hielt es für möglich, den Charakter des Menschen aus seinem Äußerlichen abzuleiten. Dabei folgte er dem Grundsatz: „... je moralisch besser; desto schöner. Je moralisch schlimmer; desto hässlicher."[19] Zwar spielt die Physiognomie Christian Wolfs in der Erzählung eine Rolle, aber im Gegensatz zu Lavaters Methode lässt sich aus ihr eben nicht die Persönlichkeit ableiten. Schiller hatte schon in seiner Dissertation zur entschiedenen Vorsicht gegenüber Lavaters Theorie gemahnt und diese ironisiert:

> *„Eine Physiognomik organischer Teile, z. B. der Figur und Größe der Nase, der Augen ... ist vielleicht nicht unmöglich, dürfte aber wohl so bald nicht erscheinen, wenn auch Lavater noch durch zehn Quartbände schwärmen sollte. Wer die launichten Spiele der Natur, die Bildungen, mit denen sie stiefmütterlich bestraft und mütterlich beschenkt hat, unter Klassen (das bedeutet: in Ordnungen, R. B.) bringen wollte, würde mehr wagen, als Linné, und dürfte sich sehr in Acht nehmen, dass er über der ungeheuren kurzweiligen Mannigfaltigkeit der ihm vorkommenden Originale nicht selbst eines werde."*[20]

Noch harscher ging Schiller 1782 mit der Physiognomie und ihrem Erfinder in dem Gedicht *Grabschrift eines gewissen – Physiognomen* ins Gericht:

> *„Wess Geistes Kind im Kopf gesessen,*
> *Konnt' er auf jeder Nase lesen:*
> *Und doch – dass er es nicht gewesen,*
> *Den Gott zu diesem Werk erlesen,*
> *Konnt' er nicht auf der seinen lesen."* (NA I, 87)

---

19 Lavater: *Physiognomische Fragmente*, Bd. 1, Leipzig und Winterthur, 1775, S. 63. Zit. in: Horst Weigelt: Johann Kaspar Lavater. Leben, Werk und Wirkung. Göttingen: Vandenhoeck & Ruprecht, 1991, S. 98

20 Schiller: *Über den Zusammenhang der tierischen Natur des Menschen mit seiner geistigen*. In: Schiller: Sämtliche Werke. 10. Band, Leipzig: Max Hesses Verlag, o. J., S. 29

1.3 Angaben und Erläuterungen zu wesentlichen Werken

1781 *Die Räuber* (UA 1782): Die feindlichen Brüder Karl und Franz von Moor stehen für zwei Lebensmöglichkeiten. Während Karl, der glaubt, von seinem Vater verstoßen zu sein, an der Spitze einer Räuberbande gegen Ungleichheit und Gewalt kämpft, sichert Franz mit Intrigen seine aristokratische Macht und versucht, Karls Braut Amalia durch Betrug zu erobern. Am Ende sind alle gescheitert: Franz erdrosselt sich, der alte Moor stirbt, als er von Karls Räuberdasein erfährt, Amalia wird von Karl auf Drängen der Räuberbande geopfert, Karl ist gescheitert und stellt sich freiwillig den Behörden. Darin liegt eine auffällige Parallele zu Christian Wolf aus *Der Verbrecher aus verlorener Ehre*. Schillers Lehrer Abel wies in seinen Erinnerungen darauf hin, dass Schiller schon bei den *Räubern* die Geschichte des Sonnenwirts, die der *Verbrecher*-Erzählung zugrunde liegt, verwendet habe.
1784 *Die Schaubühne als eine moralische Anstalt betrachtet*: Es ist die umgearbeitete Antrittsrede in der Kurfürstlichen Deutschen Gesellschaft in Mannheim, zu deren Mitglied Schiller am 8. Januar 1784 gewählt worden war. Schiller entwickelte den Gedanken, dass politische und moralische Macht ebenbürtig seien und das Recht des Theaters dort beginne, wo das Gesetz ende. Die Kunst stehe, vergleichbar mit der Religion, über den ständig veränderbaren staatlichen Gesetzen und sei zudem eine Macht, die nicht nur Pflichten bestimme, sondern die freies Handeln als ihr Ziel sehe.
1792 *Vorrede zu dem ersten Teile der merkwürdigsten Rechtsfälle nach Pitaval*: In dieser Einleitung beschreibt Schiller sein Publikumsbild, es sind jene „Volksklassen, zu

deren Geistesbildung von seiten des Staats so wenig zu geschehen pflegt". Diese Leser würden „von mittelmäßigen Skribenten und gewinnsüchtigen Verlegern dazu missbraucht, ihre schlechte Ware … in Umlauf zu bringen"[21]. Die Vorrede gehört zu den *Merkwürdigen Rechtsfällen als ein Beitrag zur Geschichte der Menschheit*. Gekürzte Übersetzung aus dem französischen Werk *Causes Célèbres et Intéressantes, avec les Jugemens qui le ont Décidées* des Pitaval durch mehrere Bearbeiter, herausgegeben von Schiller, Jena 1792–1795.

1799 *Die Polizei* (Fragment): Das Labyrinth einer Großstadt, hier ist es Paris, wird aus der Pitavalsicht erschlossen, „der Zuschauer wird sonach schnell mitten ins Getreibe der ungeheuren Stadt versetzt und sieht zugleich die Räder der großen Maschine in Bewegung." (NA XII, 91): Die Geheimnisse und Verbrechen werden aus der Sicht der Polizei analysiert.

21 Schiller: *Vorrede zu dem ersten Teile der merkwürdigsten Rechtsfälle nach Pitaval*, S. 141

2. Textanalyse und -interpretation

2.1 Entstehung und Quellen

Schillers Prosaarbeiten waren in erster Linie Brotarbeiten: Mit ihnen versuchte er vor allem publizistisch zu wirken und sich ökonomische Sicherheit zu schaffen. *Der Verbrecher aus verlorener Ehre* unterscheidet sich davon dadurch, dass diese Erzählung im Umkreis der naturwissenschaftlichen Arbeiten Schillers, zum Beispiel der Dissertation, gesehen werden kann. Thematisch schloss sich die Erzählung an die erfolgreichen *Räuber* (1781) an. Sie hatten den Dichter berühmt und berüchtigt gemacht. Der geschilderte Vorgang, wie ein Mensch zum Verbrecher gemacht wird, war authentisch und hatte in Württemberg großes Aufsehen erregt. Es war ein umfassender, psychologisch aufwendiger Stoff, der sich nicht auf eine Räuber-Thematik festlegen und einschränken ließ. Christian Wolfs Zeit in der Räuberbande war eine kurze Etappe – sie dauerte ein Jahr, die Gesamtentwicklung etwa sieben – auf seinem Weg von der kleinbürgerlichen Solidität zum Außenseiter und Verbrecher.

Erzählung im Umkreis der naturwissenschaftlichen Arbeiten Schillers

Schiller hatte seit 1782 theoretische und prosaische Schriften veröffentlicht, zuerst im *Wirtembergischen Repertorium der Literatur*. Bezweckt wurde die Unterhaltung des Lesers, dann aber strebte Schiller auch im Sinne der Aufklärung „Belehrung" (4) an. Zeitschriften waren für Schiller außerdem ein Versuch, sich als Schriftsteller ein leidliches Auskommen zu verschaffen. Im Oktober 1784 fasste er den Plan zu einer unabhängigen Theaterzeitschrift, der *Rheinischen Thalia* – Thalia heißt übersetzt die „Blühende" –, die, wie Lessings *Hamburgische Dramaturgie*

(1767–1769) für Hamburg, die Chronik und dramaturgische Dokumentation für das Mannheimer Nationaltheater werden sollte. Er versandte dazu einen Monat später eine Subskribenten- und Abonnentenwerbung (*Ankündigung. Rheinische Thalia*), in der er seinen bisherigen Weg zum „Weltbürger, der keinem Fürsten dient" (NA XXII, 93), beschrieb und gleichzeitig die Trommel für die geplante Publizistik rührte: Ausbruch aus der militärischen Pflicht, Dichter der *Räuber*, die ihn Familie und Vaterland gekostet hätten. Er stellte den Inhalt der geplanten Zeitschrift vor und erläuterte als ersten Schwerpunkt „Gemälde merkwürdiger Menschen und Handlungen", wobei ihn aktuelle Ereignisse bevorzugt interessierten: „Neugefundene Räder in dem unbegreiflichen Uhrwerk der Seele - einzelne Phänomene, die sich in irgend eine merkwürdige Verbesserung oder Verschlimmerung auflösen, sind mir, ich gestehe es, wichtiger als die toten Schätze im Kabinett des Antikensammlers oder ein neu entdeckter Nachbar des Saturnus" (NA XXII, 95). Nach dem 1. Heft, das im März 1785 bei Schwan in Mannheim erschien, wurde die Zeitschrift, nun nur noch unter dem Titel *Thalia*, im Januar 1786 in den Verlag G. J. Göschens nach Leipzig übernommen.[22] Am 29. November 1785, zwei Monate später als vereinbart, hatte Schiller dafür seinem Verleger das Manuskript der Erzählung geschickt. Sie erschien am 16. Februar 1786 im 2. Heft der *Thalia* unter dem Titel *Verbrecher aus Infamie, eine wahre Geschichte*[23]. Sie wurde anonym publiziert und war unterzeichnet mit „+". Anonym wurden viele Texte in dieser Zeit veröffentlicht, etwa Goethes *Götz von Berlichingen*

22 Zwischen 1785 und 1791 erschienen 12 Ausgaben (gezählt mit dem 1. Heft der *Rheinischen Thalia*). Ab 1792 versuchte Schiller, die Zeitschrift als *Neue Thalia* wiederzubeleben. Doch auch das wurde kein Erfolg. Sie endete diesmal im Februar 1795 mit dem Erscheinen des 6. und letzten Heftes noch für den Jahrgang 1793.

23 Der Titel wird auch als *Verbrechen aus Infamie* zitiert (Diekhans, S. 5). Dieser Titel findet sich nur im Inhaltsverzeichnis der *Thalia*, nicht im Titel der Erzählung (NA, 405), der *Verbrecher aus Infamie* lautete.

mit der eisernen Hand (1773) und *Die Leiden des jungen Werthers* (1774) sowie Schillers *Die Räuber* (1781). Das war ein üblicher Vorgang und ohne besondere Bedeutung. Doch wurde die Anonymität in diesem Fall schnell aufgelöst, denn Göschen hatte auf dem Umschlag der Zeitschrift *Zur Literatur und Völkerkunde* die Erzählung unter Schillers Namen für die *Thalia* angekündigt. Der versuchte, auf eigene Kosten den Umschlag neu drucken zu lassen; das misslang. –

Über die genaue Entstehung der Erzählung ist nichts bekannt. Dreierlei kann als sicher angenommen werden:

1. Schiller hat den Stoff von seinem Lehrer Jacob Friedrich von Abel (1751–1829), bei dem er auf der Militärakademie in Stuttgart Psychologie, Ästhetik, Geschichte der Menschheit und Moral studierte, berichtet bekommen. Abel verfasste eine ausführliche Biografie des Sonnenwirts Johann Friedrich Schwan, die 1787, ein Jahr nach Schillers Erzählung, im 2. Band von Abels *Sammlung und Erklärung merkwürdiger Erscheinungen aus dem menschlichen Leben* erschien. Manches weist darauf hin, dass Abel Schillers Erzählung kannte (vgl. NA 407). In Abels *Vorrede* sind seine Kenntnisse der modernen Mechanik des Körpers ausgewiesen, so wenn er alle Veränderungen der Körper „nach bestimmten physischen Gesetzen"[24] erklärt. Interessanterweise bezeichnet sich Abel als „Geschichtsschreiber" wie Schiller, nicht als Schriftsteller. Wann Abel die Sonnenwirt-Biografie schrieb und ob Schillers Erzählung dafür ein Anlass war, ist unbekannt. Darüber hinaus dürften Schiller die Vorgänge auch unabhängig von Abel bekannt gewesen sein, waren doch

24 Zit. bei Mahl, S. 29

die Taten des Räubers Schwan, den Schiller Christian Wolf[25] nannte, auch nach 20 Jahren noch bekannt.

2. Während seines Studiums hat sich Schiller mehrfach bei Abel über das Schicksal des Sonnenwirts informiert (NA 402). Abels Vater hatte als Amtmann den Sonnenwirt festgenommen, der nach kriminellen Handlungen in Konflikte mit der Obrigkeit geriet, zum Räuber und Mörder wurde und den man schließlich hinrichtete.
3. Das Umfeld der medizinischen Dissertation Schillers ist erkennbar; die Erzählung steht im Zusammenhang mit den naturwissenschaftlichen Überlegungen Schillers und weist aus diesem Grunde eine entsprechende Begrifflichkeit aus. Das lässt vermuten, dass die Entstehung der Erzählung bis 1781, parallel zu den *Räubern,* in Ansätzen zurückreicht. Er sandte sie am 29. November 1785 an seinen Verleger Göschen. Keinesfalls ist sie erst in Dresden entstanden, wie Otto Brahm annimmt[26]; ob Schiller sie im Herbst 1785 niederschrieb, wie Oellers annimmt[27], sei dahingestellt.

Als Schiller 1792 die Erzählung nur leicht verändert und unter dem endgültigen Titel in die *Kleineren prosaischen Schriften* aufnahm, hielt er eine Überarbeitung zwar für nötig, schränkte aber ein, die Texte hätten dann ihre Ursprünglichkeit verloren: „Sie tragen also auch noch jetzt das jugendliche Gepräge ihrer ersten zufälligen Entstehung und bitten dieser Ursache wegen um die Nachricht des Lesers." (NA XXII, 102). Die trotzdem durchgeführten Änderungen betrafen den Titel, die Kürzung

25 Der Namenswechsel hatte vermutlich zwei Ursachen: Einmal sollte der Vorgang vom konkreten Fall in Württemberg gelöst und durch den anderen Namen als typisch vorgestellt werden. Zum anderen wollte Schiller den Namen seines Mannheimer Verlegers Christian Friedrich Schwan (1733–1815) vermeiden, zumal er um dessen Tochter Margarethe geworben hatte. Schwan verlegte die erste und einzige Nummer der *Rheinischen Thalia*.

26 Brahm nennt es das „einzige Werk" der „Dresdner Periode": Otto Brahm: *Schiller*. 2. Band, Berlin: Verlag von Wilhelm Hertz, 1892, 2. Band, S. 109.

27 Oellers, S. 384

der Eröffnungspassage (s. S. 64 der vorliegenden Erläuterung) und anderes:

***Verbrecher aus Infamie*: Auswahl der *gekürzten* Texte**
S. 3, Zeile 27: ...beisammen fände, *vielleicht mit besserem Grunde beisammen fände, als der Ritter gehabt hat, den essbaren und giftigen Schwamm in eine Klasse zu werfen.* **Von dieser ...**
S. 5, vor Zeile 6: *Wie manches Mädchen von feiner Erziehung würde seine Unschuld gerettet haben, wenn es früher gelernt hätte, seine gefallene Schwestern in den Häusern der Freude minder lieblos zu richten! Wie manche Familie, von einem elenden Hirngespinst politischer Ehre zu Grunde gerichtet, würde noch blühen, wenn sie den Baugefangenen, der seine Verschwendung zu büßen die Gassen säubert, um seine Lebensgeschichte hätte befragen wollen.* **Wenn ich auch keinen der Vorteile ...**
S. 5, Zeile 38: ... Nahrung darbot. *Die Verachtung seiner Person hatte früh seinen Stolz verwundet, und zündete endlich einen schleichenden Unmut in seinem Herzen an, welcher nie mehr erloschen ist.*
Er wollte ertrotzen ...
S. 9, Zeile 28: ... vermutete. *Man ließ mich Schandtaten büßen, die ich noch nicht begangen hatte; ich hatte noch schlechte Streiche bei dem Menschengeschlechte gut, weil ich im voraus dafür gelitten hatte. Meine Infamie war das niedergelegte Kapital, von dessen Zinsen ich noch lange Zeit schwelgen konnte.*
Die ganze Welt ...
S. 12, Zeile 18: ... erzählen weiß, *die mir Gottes Barmherzigkeit auf dem Rabensteine erlassen wird.*
In mich gekehrt ...
S. 14, Zeile 24: ... Hase? *Soll ein Untertan des Fürsten für eine wilde Sau des Fürsten zum Geisel dienen?* **Sind wir nicht besser ...**

Die *gestrichenen* Textpassagen fassten den Verlust von Wolfs Ehre beschreibend zusammen; mit den Streichungen verstärkte Schiller die Konzentration auf die psychologischen Fragestellungen des Berichts. Auch waren die Passagen drastischer, was auf das Publikumsbild deutete. Andere Veränderungen galten der Modernisierung des Textes; aus „Kamerade" wurde „Kamerad", aus „erschröckt" „erschreckt" usw. Einmal (S. 12, Zeile 38) stand ursprünglich statt „Räuber" das krassere Wort „Schurken".

Schiller wollte ein weniger gebildetes Publikum mit ansprechender Lektüre versehen und es vom Einfluss der Lesebibliotheken befreien, bemerkte er doch dort „geistlose, geschmack- und sittenverderbende Romane, dramatisierte Geschichten, sogenannte Schriften für Damen und dergleichen, welche ... den kleinen Rest gesunder Grundsätze ... vollends zu Grund richten"[28].

historische Ereignisse

Schillers Text verwendete historische Ereignisse, die den Sohn des Sonnenwirts im schwäbischen Ebersbach Johann Friedrich Schwan betrafen. Der kam 1746 erstmals als Siebzehnjähriger ins Gefängnis, nachdem er seinen Vater bestohlen hatte. Das authentische Ereignis hat Schiller weitgehend verhüllt bzw. die konkreten Orte und Namen herausgelöst. Er wollte in mehrerer Hinsicht Rücksicht nehmen und vor allem nicht Württemberg erkennen lassen, das er verlassen hatte, würfe das doch ein schlechtes Licht auf seine Heimat (5). War die *Rheinische Thalia* Schillers Versuch, finanziell unabhängig zu werden – der Versuch scheiterte –, so überlegte er in dieser Zeit, unabhängig von der Dichtkunst eine wirtschaftliche Existenz aufzubauen; er schwankte zwischen Medizin und Geschichte[29]. Beide Diszi-

28 Schiller: *Vorrede zu dem ersten Teile der merkwürdigsten Rechtsfälle nach Pitaval*, S. 141
29 Wolzogen, S. 94

plinen hatten ihren Anteil an der Erzählung. Innerhalb des Gesamtwerkes Schillers spielt die Erzählung eine untergeordnete Rolle. Dabei ist sie Ausdruck hoher sprachlicher Disziplin, Dokument vielfältiger Interessen und Beleg für intensive Studien des Arztes und Dichters. Die Zeit der Entstehung erstreckte sich von den ersten Informationen 1780 bis zur Niederschrift, vermutlich 1785. Stofflich gehörte sie noch in die schwäbische Jugend- und Studienzeit. Für die Jahre um 1785 ist sie außerdem das einzige vollendete Werk:

> *„Seiner literarischen Produktion waren die beiden Jahre (1785/1786, R. B.) nicht günstig. Er brachte den ‚Carlos' nur mühselig fertig, ruck- und stoßweise; was er neu begann, blieb meist Bruchstück, so ‚Der Menschenfeind', ein dramatischer Anlauf, ‚Der Geisterseher', das erste Buch eines Romans, die ‚Philosophischen Briefe', die allmählich versandeten; nur ‚Der Verbrecher aus verlorener Ehre', eine kleine und in ihrer Art musterhafte Novelle, wurde vollendet. Den Stoff zu dieser Novelle gab die Geschichte eines schwäbischen Räubers her, so wie auch ‚Der Geisterseher' die Bekehrung des Herzogs Karl Alexander von Württemberg zum katholischen Glauben dichterisch behandeln sollte und das Hauptstück der ‚Philosophischen Briefe' sogar ein Manuskript noch aus den Stuttgarter Tagen war."*[30]

30 Franz Mehring: *Schiller. Ein Lebensbild für deutsche Arbeiter* (1905). In: Franz Mehring: Gesammelte Schriften, hrsg. von Thomas Höhle u. a., Berlin: Dietz Verlag, 1961, Band 10, S. 157 f.

2.2 Inhaltsangabe

Vom Titel her ist Ungewöhnliches zu erwarten: Nicht ein Verbrechen führt zur Ehrlosigkeit eines Menschen, sondern ein Mensch verliert zuerst seine Ehre und wird dann zum Verbrecher. Die Ursache seiner Ehrlosigkeit liegt nicht im Verbrechen. Indem der Untertitel eine „wahre Geschichte" verspricht, entzieht Schiller das Geschehen der Fiktion, damit weitgehend der Dichtung, und übergibt es der wissenschaftlichen Betrachtung. – Der Text beginnt mit einer umfangreichen Begründung des Berichterstatters[31], warum er sich für „Verirrungen" (3) und „Verbrechen" (3) interessiert. Zahlreiche Fachbegriffe der damaligen Philosophie und Psychologie weisen den wissenschaftlichen Charakter des Textes aus. Selbst das von Schiller angewandte wissenschaftliche Verfahren, ein soziologisches, wird dem Leser vorgeführt: Die „unveränderliche Struktur der menschlichen Seele" wurde mit „den veränderlichen Bedingungen, welche sie von außen bestimmten" (4), konfrontiert. Erörterungen von ethischen Grundsätzen schließen sich an, die aus dem einzelnen Vorgang „analogisch" (3) Erfahrungen „für das sittliche Leben" abzuleiten versuchen.

methodische Überlegungen

Die Einführung legt Wert auf methodische Überlegungen („analogisch", 3; „diese beiden Methoden", 4; „Geschichtsschreiber" im Sinne von Historiker, 4). Dadurch entsteht eine gesellschaftliche, zeitgeschichtliche und ethische Ebene, auf die dann die Handlung um Christian Wolf gestellt werden kann. Der Berichterstatter stellt klar, dass die gleiche „Fertigkeit und Begierde" (3) unterschiedlich ausgeprägt sein kann, wodurch der „in

31 Auf den Begriff des „Erzählers" wird verzichtet, weil Schiller sich für den „Geschichtsschreiber" (4) im Sinne des Historikers entscheidet; „Erzähler" würde einen poetischen Zugang zu dem Stoff nahelegen.

einer engen bürgerlichen Sphäre" (3) Lebende sich in der gleichen Ordnung mit Borgia, also einem Gewalttäter, befinden könnte. Weil der bürgerliche Leser diese wissenschaftlichen Ordnungen, die Menschen „nach Trieben und Neigungen" (3) klassifiziert, nicht kennt bzw. sie noch gar nicht entwickelt sind, sei das Studium der Geschichte „für das bürgerliche Leben noch immer so fruchtlos geblieben" (3). „Analogische" Anwendungen seien derzeit deshalb unmöglich. Dabei sei der Unglückliche doch ein „Mensch ... wie wir" (4) gewesen. Der Erzähler beschreibt seine Methode, die eine wissenschaftliche, keine poetische ist. Er will die Systematik eines Linné auf die „Seelenkunde" (5) anwenden.

Der Berichterstatter kommt nun zur Geschichte des „Verbrecher(s)" (5). Er ist bereits tot, „er starb durch des Henkers Hand" (5). Es geht deshalb weniger um eine juristische Bewertung des Falles, sondern um eine psychologisch-medizinische: Deshalb verwendet der Berichterstatter für seine Darstellung den medizinischen Fachbegriff der „Leichenöffnung" und überträgt ihn in die Psychologie: „Leichenöffnung seines Lasters" (5). Der 20-jährige Christian Wolf, Sohn des mittlerweile verstorbenen Gastwirts der „Sonne" – daraus entstand sein gefürchteter Name „Sonnenwirt" (14) oder genauer „Sonnenwirtle"[32], der Sohn vom „Sonnenwirt" –, ist äußerlich wenig einnehmend, sogar hässlich und durch einen Unfall verunstaltet. Er hat deshalb kein Glück bei Frauen und wird von seinen Kameraden ausgelacht, allerdings auch wegen seines Einfallsreichtums bewundert. Das ihm verweigerte Glück will er sich erobern; da er „sinnlich" (5) ist, gilt das besonders für die Liebe. Er protestiert also nicht gegen die Gesellschaft, wie Schillers Karl Moor in den *Räubern*, sondern

Sonnenwirt

32 Vgl. Hainer Plaul: *Nachwort*. In: Hermann Kurz: Der Sonnenwirt. Berlin: Verlag Das Neue Berlin, 1988, S. 397

will sich in die Gesellschaft zu deren Bedingungen einordnen. Da das verehrte Mädchen Johanne „arm" (5) ist, will er die Liebe mit Geschenken erwerben, wird selbst dabei arm und muss sich nach Geld umsehen: Er wird Wilddieb,

Wilddieb

da er „zu bequem und zu unwissend, … zu stolz, auch zu weichlich" (6) ist, anderweitig zu Geld zu kommen. Seine Taten begeht er in einer „landesherrliche(n) Waldung" (6), es entsteht ein Konflikt mit der Macht, wodurch seine Vergehen schwerer wiegen. Deshalb rächt er sich später am Wild des „Landesherrn" (10), dem er „nach allen Kräften zu schaden" (10) versucht. Der Nebenbuhler Robert, „ein Jägerpursche des Försters" (6), kommt ihm auf die Schliche. Wolf entgeht durch eine Geldstrafe, die sein letztes Vermögen auffrisst, dem Zuchthaus. Als er jedoch zum zweiten Mal von seinem Nebenbuhler als Wilddieb gestellt wird, kommt er dorthin. Während er die Strafe von einem Jahr absitzt, steigert sich seine Leidenschaft zu Johanne. Bei seiner Heimkehr fliehen die Leute vor ihm; sein Angebot, nur für den „Taglohn dienen" (7) zu wollen, wird abgelehnt. Selbst als Schweinehirte, „der äußerste verlorne Posten des ehrlichen Namens" (7), wird er nicht genommen. Er wildert ein drittes Mal und wird ein drittes Mal dabei gestellt. Nach Gesetzlage, nicht aber nach seiner „Gemütsverfassung" (7) verurteilt, wird ihm „das Zeichen des Galgens auf den Rücken gebrannt" (7); drei Jahre Festung erwarten ihn. Dreifach war das Vergehen, dreifach war die Strafe.

Danach bekommt Wolfs Zielsetzung eine neue Qualität und es fängt „eine neue Epoche in seinem Leben an" (7). Während seiner Festungsstrafe gerät er unter schlimme Verbrecher, die ihm zuerst „Ekel und Entsetzen" (7) bereiten. Schließlich, um nicht unterzugehen, übertrifft er sie noch an Abscheulichkeit. Die Legitimation zu seinen Handlungen leitet er daraus ab, „Märtyrer des natürlichen Rechts und … ein Schlachtopfer der Gesetze" (8) geworden zu sein.

Rache treibt ihn nach seiner Entlassung in die Heimatstadt; dort weicht man vor ihm aus. Selbst ein Kind entsetzt sich vor ihm. Nur Johanne begrüßt ihn begeistert, ist aber inzwischen als Prostituierte selbst eine Ausgestoßene und von Geschlechtskrankheiten Gezeichnete. Dass sie „im Rang der Lebendigen" (9) noch unter ihm steht, befriedigt ihn: „Ich hatte sie niemals geliebt." (9) Wolf ist der vollständige Außenseiter, von dem man „keine gute Eigenschaft" (9) mehr erwartet und der bei einem weiteren Vergehen zum Tode verurteilt werden würde. Besitz hat er keinen mehr; die Mutter ist gestorben. Er kehrt die Situation um und flieht nicht mehr die Ablehnung, sondern sucht sie: „Jetzt drang ich mich auf und ergötzte mich, sie (die Menschen, R. B.) zu verscheuchen." (9)

zweiter Teil von Wolfs Leben

Der zweite Teil von Wolfs Leben zeigt ihn als professionellen und engagierten Verbrecher. Er beginnt mit erneuter Wilddieberei („Mein Erstes ...", 10), die aber nicht ihm Gewinn, sondern dem Landesherrn Schaden bringen soll. Zweitens folgt die Rache an seinem einstigen Nebenbuhler Robert, den er „unter allen lebendigen Dingen am grässlichsten hasste" (10) und erschießt. Er weiß, dass er sein Leben nun „verwirkt" (11) hat. Es bleibt Wolfs einziger Mord.

Dann flieht er vom Tatort, kehrt anschließend zurück, um sich die Uhr des Toten und sein Geld anzueignen, begnügt sich endlich mit einem Teil des Geldes, um für einen „Feind des Erschossenen, aber nicht für seinen Räuber gehalten zu werden" (12). Gepeinigt von „grässliche(n) Gestalten" (12) denkt er an Selbstmord, aber es fehlt ihm der Mut. Auf der Flucht ins Ausland („die Grenzen des Landes", 12) wird er von einem Räuber aufgehalten, der ihm einen „Erquicktrunk" (13) gibt, wodurch Wolf wieder Kraft schöpft. Er fühlt sich fast glücklich, da er „eine Kreatur gefunden" hatte, die ihm „ähnlich schien"

(13). Als er sich zu erkennen gibt, ist sein neuer Bekannter begeistert, zumal er nach ihm gesucht hat. Er weiß auch, dass Wolf zahlreiche Feinde hat, darunter einen Amtmann, der ihn „gedrückt" (geschwächt, drangsaliert) und „zugrunde gerichtet" (14) habe. Dieser Amtmann taucht sonst nicht auf. Ein letztes Mal schwankt Wolf zwischen Flucht oder „Abgrund der Hölle" (15), wie ihm der Standort der Räuber erscheint. Er entscheidet sich für die Hölle und tritt in die Räuberbande ein. Dort erfährt er Anerkennung, also Ehrerbietung, „Vertrauen, Achtung", „Wohlleben und Einigkeit" (15) und erhält einen „Ehrenplatz" (16); er wird zu ihrem Anführer ernannt. Die Außenseiter haben sich ein eigenes soziales und Wertesystem geschaffen. Er findet „brüderliche Aufnahme, Wohlleben und Ehre" (16). Auch bekommt seine Sinnlichkeit eine Chance, denn in der Bande gibt es die „schönsten weiblichen Gestalten" (16). Er hat die Wahl zwischen Margarete und Marie. So nimmt er die Wahl zum Anführer an – „Wollust war (s)eine wütendste Neigung" – und erbittet sich Marie als Eigentum: „Ich war erklärter Eigentümer einer H(ure)[33] und das Haupt einer Diebesbande." (16)

Räuberbande

Der Berichterstatter schaltet sich ein und übergeht die Schilderung des Räuberlebens. Zusammenfassend berichtet er, dass Wolf zum „Schrecken des Landvolks" (17) wurde, aber den Versuchen, ihn zu fangen, entging. Wolf ließ verbreiten, er sei mit dem Teufel im Bunde, und die rückständige Gegend, in der er lebte, glaubte es; „seine Person war gesichert" (17). Aber Wolf sieht sich enttäuscht, die „Rotte" erfüllt „seine glänzenden Erwartungen nicht" (17). Sie hungern, der Zusammenhalt schwindet. Verrat droht. Sein Gewissen meldet sich. Er glaubt,

33 Im Text steht „H***"; man nahm Rücksicht auf die moralische Befindlichkeit der Leserschaft und schrieb Unmoralisches oder Pejoratives nicht aus. In der Erstveröffentlichung in der *Thalia* wurde das Wort „Hure" noch ausgeschrieben, Hinweis auf den angestrebten Publikumsgeschmack.

doch noch ehrlich werden zu können, und sehnt sich nach „Rechtschaffenheit und Tugend" (18). Als der Siebenjährige Krieg 1756 ausbricht, hofft er, sich als Soldat bewähren zu können.

Bitte um Gnade

Dreimal wird seine briefliche Bitte um Gnade und seine Bereitschaft, sich freiwillig zu stellen und sich als Soldat anzubieten, nicht beantwortet (19). Dabei macht er nochmals darauf aufmerksam, dass „die Zeitrechnung (s)einer Verbrechen" mit dem Urteil angefangen habe, das ihn „auf immer um (s)eine Ehre brachte" (18). – Er verlässt seine Bande und macht sich auf den Weg nach Preußen, um sich als Soldat in preußische Dienste zu begeben. In einer kleinen Landstadt fällt er wegen seiner Kleidung und Erscheinung dem Torschreiber auf. Er fordert von Wolf den Pass und bringt ihn zum Amtshaus. Wolf, der die Situation falsch einschätzt und glaubt, er sei erkannt, versucht zu fliehen, muss aber in einer Sackgasse aufgeben. Nach seiner Entwaffnung und Gefangennahme wird er in „ziemlich brutalem Ton" (20) verhört und verteidigt seinen Waffenbesitz, er habe sich gegenüber dem Sonnenwirt verteidigen wollen. Man sperrt ihn für eine Nacht in den Turm; dort soll er überlegen, ob er die Wahrheit sagen will. Am nächsten Tag nähert sich der verhörende Oberamtmann Wolf freundlich, „mit Anstand und Mäßigung" (21), schließlich könnte er doch unschuldig sein. Im schlimmsten Fall würde man ihn über die Grenze peitschen und den Soldaten-Werbern übergeben. In Anbetracht der „Bescheidenheit" (22) des Oberamtmannes, die Wolf „Vertrauen und Achtung" (22) empfinden lässt, bittet er den Oberamtmann um ein Gespräch unter vier Augen. Dessen rechte Hand nehmend, gesteht er freiwillig: „Ich bin der Sonnenwirt." (22) Damit hat er seine Ehre wiederhergestellt, weil er sich unter das Gesetz stellt. Mit diesem Bekenntnis schließt der Text.

2.3 Aufbau

In der entstehenden Kriminalliteratur des 17. und 18. Jahrhunderts standen am Anfang Gerichtsakten, die für ein breites Publikum aufbereitet wurden. Schillers Erzählung machte keine Ausnahme, geht sie doch auf den Vaihinger Oberamtmann Abel zurück, den Vater von Schillers Lehrer auf der Karlsschule Abel, der Schwan (d. i. Christian Wolf) verhörte und ihm den Prozess machte.

Georg Philipp Harsdörffer (1607–1658), ein seinerzeit berühmter Dichter und Jurist, hatte für die einschlägigen Geschichten den Begriff der „Mordgeschichte"[34] gefunden. Der Begriff zielte nicht auf Sensationen, sondern auf naturwissenschaftliche und medizinische Genauigkeit bei der Erhellung von Morden. Mit diesem Begriff korrespondierte Schillers „wahre Geschichte". Die Spannung versuchte der Titel einzubringen; Harsdörffers „Mordgeschichte" Nr. 54 lautete *Der ehrvergessene Gerhaber*[35]. Auch da folgte Schiller den Traditionen: Er begann den Titel in beiden Varianten mit „Verbrecher ..." (*Verbrecher aus Infamie, Der Verbrecher aus verlorener Ehre*), einmal taucht im Inhaltsverzeichnis „Verbrechen ..." (NA 405) auf. Den „Mordgeschichten" Harsdörffers folgten die Pitavalgeschichten, benannt nach dem Advokaten am Parlamentsgerichtshof in Paris François Gayot de Pitaval. Es wurden merkwürdige Rechtsfälle nach Kriminalakten für die lesehungrigen Bürger aufbereitet. Buchreihen entstanden; auch Schiller kannte sie und schrieb 1792 für eine deutsche Pitaval-Ausgabe ein Vorwort (siehe auch S. 28 f. dieser Erläuterung), in dem er von seiner

Mordgeschichte

34 Georg Philipp Harsdörffer: *Der große Schauplatz jämmerlicher Mordgeschichte* (1650/52), 8 Bände, Neudruck Hildesheim, New York: Olms 1975

35 Das alte deutsche Wort, noch zu Schillers Zeit gebraucht, bedeutete „Vormund".

Hoffnung schrieb, dass auch deutsche Rechtsfälle Aufnahme fänden und „die Sammlung zu einem vollständigen Magazin für diese Gattung"[36] würde. Es war Schiller bewusst, dass es sich hier um eine neue Form, die Pitaval- oder auch Kriminalgeschichte, handelte, die auf authentische Ereignisse zurückging und deshalb eine „wahre Geschichte" war.

Der Text gliedert sich in fünf nicht formal-technisch ausgewiesene, aber unterscheidbare Teile, die eine dramatische Anlage der Erzählung erkennen lassen:

1. Der Berichterstatter führt in den Text ein und begründet das Vorhaben („In der ganzen Geschichte des Menschen ...", 3); er hebt sein naturwissenschaftliches Interesse von dem poetischen ab und wählt das methodische Prinzip aus („Dem Geschichtsschreiber ...", 4). Der Teil wird durch den Einsatz des Präsens („ist, versteckt" usw., 3) abgehoben von der folgenden Handlung. Dramatisch entspricht das der Exposition.
2. Die Information über den „Verbrecher" („Ob der Verbrecher ...", 5) Christian Wolf wechselt zum Präteritum („Christian Wolf war", 5). Sie schließt eine „epische Vorwegnahme" ein („... er starb durch des Henkers Hand", 5). Dreimal wird Wolf als Wilddieb schuldig und dreimal wird er verurteilt. Nun steht er am Ende der Strafmöglichkeiten und muss bei einem weiteren Vergehen mit dem Tod rechnen („... das Zeichen des Galgens auf den Rücken gebrannt ...", 7). Der Exposition folgt, wendet man die dramatische Abfolge auf den Text an, die Steigerung mit deutlich ausgewiesenen erregenden Momenten.

36 Schiller: *Vorrede zu dem ersten Teile der merkwürdigsten Rechtsfälle nach Pitaval*, S. 143

3. Aus der Festungshaft entlassen und nun wirklich zum Verbrechen bereit, übernimmt der Berichterstatter Wolfs Bericht über sein weiteres Schicksal („Ich betrat die Festung ...", 7, bis „ich war ... das Haupt einer Diebesbande", 16), den er seinem „geistlichen Beistand und vor Gerichte" (7) gegeben hat; nun wird er zum „Lotterbube(n)" (7). Die Handlung gelangt auf ihren Höhepunkt.
4. Der Berichterstatter übergeht die Verbrechen des nunmehrigen Räuberhauptmannes („Den folgenden Teil der Geschichte übergehe ich ganz, das bloß Abscheuliche hat nichts Unterrichtendes für den Leser.", 16). Die Auslassungen weisen auf die Peripetie (Wendung des Schicksals). Er beschreibt den nach einem Jahr eintretenden Sinneswandel Wolfs (17–18) und bezieht ein Gnadengesuch Wolfs (retardierendes Moment) als Dokument der Reue ein. Der Sinneswandel Wolfs wird zur Katharsis (Läuterung), die nach dramatischer Abfolge in die fallende Handlung übergeht.
5. Der Übergang zum abschließenden Teil erfolgt durch die Änderung des für die Erzählung verwendeten Präteritums in Präsens: „Unterdessen hält der Sonnenwirt vor dem Amtshaus" (20). Der abschließende Dialog, der szenisch geboten wird, führt zur Katastrophe.

Die Handlung wird durch verschiedene literarische Mittel im Wechsel retardiert (verzögert) oder beschleunigt: Der ausführlichen naturwissenschaftlichen Begründung des Vorgangs und der Darstellungsmethoden (3–5, retardierend) folgen Zusammenfassungen des frühen kriminellen Geschehens (5–7, beschleunigt), dann schließen sich ausführlichere Beschreibungen des Verbrechers nach der dritten Verurteilung durch Wolf selbst an (7–9, retardierend). – Der Höhepunkt wird fast dramatisch in einem Monolog organisiert („Was ich nunmehr eigentlich beschlossen hatte ...", 9), der zwei Vorgänge beschreibt: Nachdem Wolf erstens seine Ehre verloren hat, sucht er das Verbrechen („Ich wollte Böses tun ...", 9) und will sein „Schicksal verdienen" (9). Dadurch begründen sich die kriminellen Handlungen nicht „aus Notwendigkeit" (9), sondern aus „freier Wahl" (9). Zweitens wird das schlimmstmögliche Verbrechen von ihm erreicht: ein Mord mit dem Schwanken vor der Tat und den Qualen danach (10–12). Die beiden zum Höhepunkt gehörenden Vorgänge wechseln zwischen beschleunigt und retardierend. Der neue Abschnitt im Leben Wolfs wird durch eine neu beginnende Zählung eingeleitet („Mein Erstes ...", 10). Die anschließende Zeit als Räuber geht fast ins szenische Geschehen über, angelegt als direkte Rede mit Monolog (12–16, beschleunigt), Auslassungen durch den Erzähler (16) und Reflexionen bis zum Brief und Gnadengesuch (16–19, retardierend) schaffen ein retardierendes Moment. Der Text schließt als szenisch straff, im fast stichometrisch geführten Dialog mit dem Geständnis (20–22, beschleunigt). Der Dialog ist das treibende, die Reflexion und Beschreibung das verzögernde Element. Damit setzte Schiller seinen wissenschaftlich verstandenen Anspruch um, Wolfs „Quellen seiner Gedanken" (4) als Voraussetzung für die Folgen zu erfahren. Er verstand sich als Psychologe und „Geschichtsschreiber" (4), was nichts mit dem literarischen Genre „Geschichte", sondern mit Geschichte im Sinne von Historie zu tun hatte. Als Schiller großen Erfolg als Historiker hatte, nachweislich in den Verkaufszahlen der *Geschichte des Dreißigjährigen Krieges*, strebte er das Ziel an, der „erste Geschichtsschreiber Deutschlands"[37] zu werden.

Die Erzählung sollte nach Schillers Verständnis mehr Experiment als Dichtung sein. Aus diesem Grunde fügte er verschiedene distanzierende Mittel ein. Zuerst unterschied er zwischen zwei Metho-

distanzierende Mittel

37 Zit bei Damm, S. 134

den der Gestaltung: einer poetischen („der Leser muss warm werden wie der Held") und einer geschichtlichen (dokumentarischen), bei der „der Held wie der Leser erkalten" (4) soll. Der Leser wird dadurch nicht mitgerissen, sondern zur Entscheidung befähigt (im Gegensatz zur poetischen Gestaltung, die „die republikanische Freiheit des lesenden Publikums, dem es zukömmt, selbst Gericht zu sitzen", beleidige, 4). Zuletzt wird seinem Text jede Dichtungseigenschaft abgesprochen: „Dem Geschichtsschreiber" (4) bleibe nur übrig, Held wie Leser erkalten zu lassen. Dadurch wird aus dem poetischen ein wissenschaftliches Interesse: „An seinen Gedanken liegt uns unendlich mehr als an seinen Taten, und noch weit mehr an den Quellen seiner Gedanken als an den Folgen jener Taten." (4)
Wenig ergiebig ist der Umgang mit der Gattungsbezeichnung; Schiller hat mit dem Untertitel „Eine wahre Geschichte" das Wichtigste gesagt. Es kam ihm nicht auf eine literaturtheoretische oder ästhetische Festlegung an, sondern auf die Arbeit des objektiven „Geschichtsschreiber(s)" (4), den er vom Schriftsteller unterscheidet. Eine „Prosaskizze, die fast schon Kleists Erzählungskunst vorwegnimmt"[38], ist es nicht; das sagt nichts gegen eine Parallelität mit Kleist. Mit dem Begriff der Novelle kommt man nicht weiter; es gibt nirgends den Hinweis, dass es Schiller um eine Novelle ging. Das, was für eine Novelle typisch ist, war in Deutschland zu diesem Zeitpunkt kaum vorhanden, beschäftigte erst Goethe am Ende des Jahrhunderts und die Romantiker. Die Merkmale einer Novelle finden sich auch in Schillers Text nicht. Schillers Lehrer Abel bezeichnete den Text in seinen Erinnerungen als „Aufsatz"[39], Gert Sautermeister als „Kriminalerzählung"[40].

38 Burschell, S. 70
39 Zit. in Grawe, S. 122
40 Sautermeister, S. 273

2.4 Personenkonstellation und Charakteristiken

Der Erzähler
zeigt sich naturwissenschaftlich und medizinisch interessiert. Er versteht sich in erster Linie als Historiker, nicht als Dichter. Mit dem Historiker verbindet sich der Rechtsgelehrte, der seinen Angeklagten verteidigt; auch hier ist es nicht der Dichter, der Laster und Verbrechen in der Regel verurteilt, sondern der Rechtshistoriker, der römisches Recht, Naturrecht und württembergische Gesetzlichkeit miteinander vergleicht.

Christian Wolf
ist der Sonnenwirt. Er ist hässlich – „eine kleine unscheinbare Figur, krauses Haar von einer unangenehmen Schwärze, eine platt gedrückte Nase" (5) – und durch „den Schlag eines Pferdes" (5) verunstaltet. Die gleiche Ungerechtigkeit der Natur hat auch Franz Moor in den *Räubern* zu ertragen. Er ist dem Sonnenwirt ähnlich. Beide verhalten sich in Folge ihrer körperlichen Not und Missbildung gesetzesbrecherisch und verbrecherisch. – Zwanzigjährig versucht Wolf, ihm verweigerte Liebe und Freundschaft zu erobern. Nach mehrfachen kleinen Vergehen – er wird Wilddieb, was im Volke nicht unmoralisch ist – durchläuft er die strafrechtliche Hierarchie: Geldstrafe, Zuchthaus, Festung. Jedes Mal, wenn er entlassen wird, versucht er erneut die Integration in die Gesellschaft, nicht den Aufstand gegen sie. Er bleibt bis zuletzt in der Hoffnung auf die Gerechtigkeit dieser Gesellschaft in den Ordnungen dieser Gesellschaft und stellt sich schließlich selbst, als er bei einem Oberamtmann Menschlichkeit und Barmherzigkeit (22) findet, die er in seinem bisherigen Leben bei Justiz und Staat vermisst hat. Mit diesem Schluss gewinnt er seine Ehre wieder; das ähnelt dem Schluss der *Räuber*, wo sich Karl Moor freiwillig zu

einem armen Mann und seiner großen Familie begeben will, um ihnen zu der ausgesetzten Belohnung zu verhelfen.

Johann Friedrich Schwan

Der Gestalt Christian Wolfs liegt Johann Friedrich Schwan zugrunde, der allerdings stark verändert wurde, im Biografischen (bei Schwan starb z. B. die Mutter frühzeitig), im physischen Erscheinungsbild (Schwan war ein gut aussehender Mann) und im sozialen Befund (der Vater – ein Metzger und Gastwirt – war wohlhabend). Die Veränderung machten aus Johann Friedrich Schwan einen Christian Wolf, der nach kleinen Vergehen von Justiz (unangemessen hohe Strafen) und Staatsmacht (kein Gnadenakt) unaufhaltsam zum Verbrechen geführt und getrieben wurde. Warum Schiller den Namen Christian Wolf wählte, ist offen. Merkwürdig ist, dass Begriffe aus dem philosophischen System des berühmten Aufklärers Christian Wolff[41] verwendet werden („Begehrungskraft", 3) und auch dessen naturrechtliche Gesetzesauffassung die Erzählung durchzieht. Ein Beleg dafür, dass Schiller seine Figur nach diesem Philosophen benannt hat, ist nicht bekannt.

Hannchen (Johanne)

ist arm, wird aber von mehreren Männern begehrt. Wolf, der sie zu lieben glaubt, wird von ihr „misshandelt" (5). Trotzdem wird sie von Wolf verwöhnt, bis er völlig verarmt ist. Dann beginnt er, „honett zu stehlen" (6) und alles, was er durch seine Wilddieberei gewinnt, wandert „treulich in die Hände seiner Geliebten" (6). Schließlich wird sie Dirne, ebenfalls ausgestoßen aus der Gesellschaft wie Wolf, und krank. Sie steht noch unter Wolf, der daraufhin meint, einen Rest an Ehre erhalten zu haben.

---

41 Christian Freiherr von Wolff (1679–1754) war ein bedeutender deutscher Universalgelehrter, Jurist und Mathematiker und einer der wichtigsten Philosophen zwischen Leibniz und Kant. Er zählt zu den bedeutendsten Vertretern des Naturrechts und gilt als eigentlicher Begründer der Begriffsjurisprudenz des 19. Jahrhunderts.

2.5 Sachliche und sprachliche Erläuterungen

Titel (1): Ursprünglich lautete der Titel *Verbrecher aus Infamie, eine wahre Geschichte.* Unter den zahlreichen Bedeutungen, die „Infamie" hat – Niedertracht, Abscheulichkeit, Verrufenheit bis Ehrlosigkeit, Ehrverlust – kommt die Bedeutung „Ehrlosigkeit" am nächsten und wird so auch zum endgültigen Titel *Der Verbrecher aus verlorener Ehre*. Die anfängliche Verwendung von „Infamie" weist, wie viele andere Begriffe im Text, den Zusammenhang mit Schillers Studien, insbesondere den Rechtsstudien auf der Karlsschule aus, denn Infamie (infamia) war innerhalb des römischen Rechts eine Form des Rechtsnachteils – die Rechtlosigkeit –, die sich aus Ehrenminderung ergab. „Der ursprüngliche Titel ist dabei eindeutiger als der spätere. Er besagt entsprechend dem römischen Recht die Ehrloserklärung eines Verbrechers." (NA 372)
Ehre (1): E. war kein subjektiver Wert, sondern im Sinne der Aufklärung ein Menschenrecht, das die Anerkennung des individuellen Wertes durch andere bezeichnete. Ehre war nicht von einem sozialen Status abhängig. Daraus leitete sich auch die juristische Bedeutung im Naturrecht ab: Ehre beinhaltete die Achtung des Menschen vor dem Menschen innerhalb ihrer Gemeinschaft. Sie war die Grundlage der Gleichheit der Menschen. Erst durch Besitz und soziale Differenzierung entstand die Standesehre, die mit der Rechtsfähigkeit eines Menschen korrespondierte. Trat dabei eine Ehrenminderung ein, entstanden dem Menschen Rechtsnachteile, die im 19. Jahrhundert im deutschen Recht zu Rechtlosigkeit, Anrüchigkeit und Verächtlichkeit führen konnten. Das waren begriffliche Entsprechungen zum römischen Recht.
Eine wahre Geschichte (3): Der Untertitel gehörte zu Schillers Absicht, das Bedürfnis eines weniger gebildeten Publi-

kums „zu leidenschaftlichen und verwickelten Situationen"[42] zu befriedigen, aber diese Literatur nicht schlechten Schriftstellern zu überlassen, sondern selbst den „Vorzug der historischen Wahrheit" zu nutzen. Schiller versuchte, damaliger Boulevard- und Sensationspresse eine erzieherisch wirkende Publikation entgegenzusetzen. Die „wahre Geschichte" war eine Vorstufe der Dichtung. Das Publikum konnte erwarten, in wahren Geschichten nicht mit ästhetischen Ansprüchen oder anspruchsvollen Fiktionen überfordert zu werden.

Annalen seiner Verirrungen (3): Der auf Dokumentation weisende Begriff der Annalen – Jahrbücher, periodisch erscheinende Schriften – lässt das Interesse des Arztes Schiller an dem psychologischen Vorgang erkennen. Neben den medizinischen sind es die juristischen Kenntnisse, auf die Schiller in den Kriminalfällen Wert legt, und die „durch die Individualität des Falls, auf den man sie angewendet sieht, Klarheit und Interesse erhalten"[43].

großen Verbrechen (3): Schillers Neigung zu großen Verbrechen als Thema wurde von Rousseau beeinflusst. Von ihm hatte er die Anregung zu *Fiesco* erhalten, der ein solcher großer Verbrecher gewesen sei. Hinzu kamen Rousseaus Hinweise auf Plutarch, der keinen Unterschied zwischen den großen Tugendhaften und den erhabenen Verbrechern mache.[44] Plutarchs (um 45 bis ca. 125, griechischer Philosoph und Historiker) biografisches Werk *Vitae parallelae* (*Parallele Lebensbeschreibungen*) gehörte zum Grundwissen des Studenten Schiller, der Kommilitonen daraus vorlas.

---

42 Schiller: *Vorrede zu dem ersten Teile der merkwürdigsten Rechtsfälle nach Pitaval*, S. 141

43 ebd, S. 143

44 Vgl. dazu: Hans Mayer: *Schiller und die Nation*. In: Hans Mayer: Studien zur deutschen Literaturgeschichte. Neue Beiträge zur Literaturwissenschaft, Bd. 2. Berlin: Rütten & Loening, 1953, S. 96 f.

Begehrungskraft (3): Aus der Schule des Philosophen Christian Wolff (1679–1754) stammend, geht der Begriff auf Leibniz zurück, dessen Lehre bis zu Schillers Studienzeit die Universitäten beherrschte. Nach seiner Auffassung hatte die Seele zwei Grundvermögen, ein theoretisches oder Erkenntnisvermögen und ein praktisches oder Begehrungsvermögen. Deshalb war der Begriff zu der Zeit verbreitet und findet sich auch in der Dichtung (Lessing).
kolossalischer (3): ungeheuerlich, riesenhaft (von lat. colossus); Lieblingswort des jungen Schiller, der es auch in der Vorrede zu den *Räubern* verwendete: Um das Laster zu beseitigen, müsse es „in seiner kolossalischen Größe vor das Auge der Menschheit" (NA III, 5) gestellt werden.
Mechanik der gewöhnlichen Willensfreiheit (3): Schiller lernte während seines Medizinstudiums die materialistische Auffassung vom Menschen kennen, wie sie die Ärzte und Naturwissenschaftler Hermann Boerhaave und Julien Offroy de La Mettrie vertraten. Von diesen Ärzten gingen auch philosophische Anregungen aus. In La Mettries *Der Mensch eine Maschine* (1747) werden „Erfahrung und Beobachtung" zur Grundlage der Erkenntnis gemacht; diese Methode sei vor allem bei „Mediziner(n) zu finden, die zugleich Philosophen waren". Durch sie habe man „den Mechanismus des Körpers"[45] kennengelernt. Auch in der Vorrede zu den *Räubern* wird der Begriff verwendet: „Mechanik seines Lastersystems" (NA III, 6).
analogisch zu schließen (3): in der Bedeutung „analog" soviel wie „übereinstimmend, entsprechend, ähnlich". Im juristischen Gebrauch wird ein Regelsatz, der einen bestimmten Tatbestand betrifft, auf einen gesetzlich nicht geregelten Tatbestand angewendet, in der Biologie bedeutet Analogie funktionsgleiche Strukturen ohne Verwandtschaftsbeziehungen.

45 Julien Offray de La Mettrie: *Der Mensch eine Maschine*. Leipzig: Reclam jun., 1965 (Universal-Bibliothek, Bd. 110), S. 33

Seelenlehre (3): griech.: Psychologie; die Anfänge liegen bei den alten Griechen. Erst im 17. Jahrhundert wurden Körper und Seele wissenschaftlich streng getrennt. Daraus ergab sich die Frage nach der menschlichen Willensfreiheit, die auch Schiller stellte. Besonders Descartes (*Die Leidenschaften der Seele,* 1650, dt. 1723) und Spinoza (*Ethik,* 1677, dt. 1744) wirkten bahnbrechend auf die Herausbildung der Psychologie. Schiller studierte das Fach bei seinem Lehrer Abel. Keine Zeit bemühte sich intensiver um die Systematisierung der Psychologie als das 18. Jahrhundert, das Jahrzehnt um 1785 wurde „geradezu überschwemmt ... von psychologischen Untersuchungen" (NA 373).
Linnäus (3): Carl von Linné (1707–1778), schwedischer Naturwissenschaftler, systematisierte und klassifizierte verschiedene Bereiche der Natur. Besonders verdienstvoll war seine Ordnung der Pflanzen, in die er die binäre Nomenklatur einführte (die Benennung jeder Pflanze mit zwei Namen: Gattungs- und Artname). Wenn Schiller den Begriff „eine Ordnung" verwendet, deutet das auf Sachkenntnis des Linné'schen Systems hin.
Ungeheuer Borgia (3): Cesare Borgia (1478–1507), spanischer Herkunft, stammte aus dem berühmtesten aller päpstlichen Geschlechter. Er war zur geistlichen Laufbahn bestimmt und wurde Erzbischof sowie Kardinal, war aber auch ein Gewalttäter größten Ausmaßes, der vor der Ermordung der eigenen Familie, aus der etliche Päpste hervorgingen, nicht zurückschreckte. Er war der Sohn Papst Alexanders VI. und das Vorbild für Machiavellis *Il Principe* (*Der Fürst,* 1532, dt. 1714). Nach dem damaligen Zeitverständnis gehörte Cesare Borgia zu den „klassischen Rebellen der Antike und der Renaissance"[46] und die Bezeichnung „Ungeheuer" ist mehr im Sinne des Übermenschlichen als des Bösen zu verstehen.

46 Hans Mayer: *Außenseiter*. Frankfurt am Main: Suhrkamp Verlag, 1981 (suhrkamp taschenbuch 736), S. 347

ein dunkles Bewusstsein (4): Im Zusammenhang mit seiner Monadenlehre stieß Leibniz auf dunkle oder unbewusste Vorstellungen im menschlichen Bewusstsein, die sich nicht nur durch mechanische Vorgänge im Körper erklären ließen. Dieses dunkle Bewusstsein versuchte Wolff zu systematisieren und in naturwissenschaftliche Kategorien zu bringen.[47]
warm werden … erkalten (4): In seinen Erzählungen grenzte Schiller die wahren Begebenheiten gegen die Fiktionen der gefühlsbetonten Prosa, wie sie in den Romanen Richardsons, aber auch in Goethes *Werther* zu finden ist, ab. Um zu verstehen, müsse der Leser „erkalten" und dem „Geschichtsschreiber", dem Chronisten, folgen. Hier wird der spätere Historiker Schiller erkennbar.
von den besten Geschichtsschreibern (4): Schillers Begeisterung gehörte Plutarchs *Vitae parallelae* (*Parallele Lebensbeschreibungen*); P. stellte darin jeweils die Biografie eines Griechen der eines Römers gegenüber. Bei P. sah Schiller die Aufgaben des Geschichtsschreibers erfüllt, unter modernen Philosophen bei Rousseau, bei anderen weniger. Zu Beginn der 2. Szene, 1. Akt der *Räuber* lässt Schiller seinen Karl Moor in diesem Sinne sagen: „Mir ekelt vor diesem tintenklecksenden Säkulum, wenn ich in meinem Plutarch lese von großen Menschen." (NA III, 20) Den Gedanken verwendete Schiller auch in einer eigenen Rezension zu den *Räubern* (*Die Räuber. Ein Schauspiel, von Friedrich Schiller,* 1782): „Rousseau rühmte es an dem Plutarch, dass er erhabene Verbrecher zum Vorwurf seiner Schilderung wählte." (NA XXII, 118)
die republikanische Freiheit (4): Dem Publikum diese Freiheit zuzubilligen und es zum Richter zu berufen, ist eine mutige Tat in programmatisch kühner Sprache. *Die Verschwörung*

47 Vgl. dazu: *Psychologie*. In: Brockhaus' Konversations-Lexikon. 13. Band. Berlin und Wien: F. A. Brockhaus in Leipzig, 1895, S. 496 ff., besonders S. 497

des Fiesco zu Genua (1783), gewidmet dem Lehrer Abel, nannte der Dichter „ein republikanisches Trauerspiel". Als *Fiesco* ein Misserfolg wurde, war Schiller sichtlich enttäuscht und schrieb, dass diese Freiheit „hierzulande ein Schall ohne Bedeutung, ein leerer Name (sei) – in den Adern der Pfälzer fließt kein römisches Blut."[48] Republikanische Freiheit war ein deutlicher Gegensatz zur absolutistischen Herrschaft und ein erklärtes Ziel der Aufklärung und des Sturm und Dranges.
Schierling (5): In Deutschland einheimische weißblütige Giftpflanze. Im antiken Athen wurden Todesurteile, wie das an Sokrates, durch den Schierlingsbecher vollstreckt.
Ausspruch des Lesers (5): Schiller erfüllt seinen selbstgestellten Bildungsauftrag konsequent. Er spricht dem Leser bei der Urteilsfindung Entscheidungsfreiheit zu, die er zuvor schon als „republikanische Freiheit" (4) gepriesen hat; gleichzeitig beschreibt er diese Freiheit im konkreten Fall als wirkungslos und nimmt sie in einer epischen Vorwegnahme zurück, indem er mitteilt, dass der Betroffene bereits durch „des Henkers Hand" starb.
eine platt gedrückte Nase und eine geschwollene Oberlippe (5): Unter solchen Unzulänglichkeiten hatte auch Franz von Moor zu leiden: „die Lappländers Nase", „dieses Mohrenmaul", „die Hottentotten Augen". Franz meint, die Natur habe alles Scheußliche auf einen Haufen geworfen und ihn „daraus gebacken" (*Die Räuber*, 1. Akt, 1. Szene, NA III, 18). Ähnlich wie Wolf will auch Franz Moor ertrotzen, was er nicht bekommt.
honett zu stehlen (6): Der scheinbare Widerspruch in sich (ehrenhaft, anständig, rechtschaffen zu stehlen) erklärt sich daraus, dass diese Art der Bereicherung (Wilddieberei) oft ver-

48 Zit bei Hans Mayer: *Schiller und die Nation*. In: Hans Mayer: Studien zur deutschen Literaturgeschichte. Neue Beiträge zur Literaturwissenschaft, Bd. 2. Berlin: Rütten & Loening, 1953, S. 80

sucht und in der Bevölkerung nicht unbedingt als kriminell gesehen wird, sondern als Kavaliersdelikt gilt. Dahinter steht der Gedanke, dass Christian Wolf das tut, was andere (Jagdprivileg des Adels) als ihr selbstverständliches Recht betrachten.

Wilddieb (6): Wilddiebstahl war/ist im engeren Sinne ein Jagdvergehen (damals gegen das Jagdprivileg des Adels, heute gegen das Recht sog. „Jagdausübungsberechtigter" wie Förster und Jagdpächter), hingegen galt/gilt der Diebstahl von Wild aus umschlossenem Gehege oder von gezähmten Tieren als viel schwerer wiegender gemeiner Diebstahl.

zum dritten Mal (7): Die Drei stellt in religiösen und mythischen Bereichen eine heilige Zahl dar. Zu denken ist an die christliche Trinität (Vater, Sohn, Heiliger Geist), an die Heiligen Drei Könige oder die Heilige Familie. Im Hinduismus bilden Brahma, Wischnu und Schiva eine Dreiheit. Der Dreizack Neptuns symbolisiert Vergangenheit, Gegenwart und Zukunft. Die Moiren (Schicksalsgöttinnen, s. Anmerkung zu S. 10: „Stundenweiser") stehen für Geburt, Leben und Tod. Häufig wird die Drei auch in Märchen verwendet. – Schiller betont das „dritte Mal", indem er es zweimal hintereinandersetzt. Drei Verfehlungen folgen drei Strafen, die letzte auf drei Jahre. Später wiederholt sich das Verfahren, als Wolf drei Mal vergeblich um Gnade bittet (18 f.) Dreimal erscheint die Hand des Schicksals: „Stundenweiser meines Schicksals" (10), „Uhr seines Schicksals" (20), die Menschlichkeit des Oberamtmannes, dessen „rechte Hand" Wolf ergreift, um freiwillig zu gestehen (22). Die Drei bekommt schicksalhafte Bedeutung in dem Text.

Buch der Gesetze (7): Gegenübergestellt werden Gesetze und Gemütsverfassung, also staatliche Ordnung und natürliche Veranlagung. Es ist eine der wenigen Stellen, an der Schillers Berichterstatter offene Kritik anmeldet, dass die staatlichen

Gesetze nicht der Natürlichkeit des Menschen gerecht werden. Das führt schließlich zur Konfrontation des „Märtyrer(s) des natürlichen Rechts" mit dem „Schlachtopfer der Gesetze" (8).
solennen (7): eigentlich von „solemnis": feierlichen, festlichen; Studenten gebrauchten es aber auch im Sinne von „besonderen".
Zeichen des Galgens (7): Ursprünglich wurden Herdentiere durch Brandzeichen als Besitz gekennzeichnet. Ähnlich wurden in der Antike Sklaven, dann auch schwarze Sklaven in Amerika gebrandmarkt. Bis ins 19. Jahrhundert wurden auch Verbrecher so gezeichnet. Brandzeichen bei Verbrechern bedeuteten, dass sie bei einem weiteren Verbrechen sofort mit dem Tode bestraft werden konnten.
Vesper (8): lat. Abend; in der katholischen Kirche die auf 18.00 Uhr fallende Hora canonica und die dafür vorgeschriebene Andacht.
Galiotendienst (8 f.): Dienst auf einer Galiote (Galeote), einem kleinen Küstenfahrzeug. Der Galeot war der Galeerensklave.
eine schändliche Krankheit (9): Der Kontext macht deutlich, dass es sich um eine Geschlechtskrankheit handelt, vermutlich um die Syphilis, die sich im fortgeschrittenen Stadium mit Hautausschlägen und Geschwüren, die zu schlimmen Gesichtsveränderungen führen können, zeigt.
Kreditoren (9): Gläubiger, Kreditgeber
Edikt (10): amtlicher Erlass, meist von Herrschern, aber auch Anordnung, Bekanntmachung und Vorschrift
unsichtbare fürchterliche Hand (10): Die entscheidenden Vorgänge im Leben Wolfs werden von der unsichtbaren Hand bestimmt: der Mord (10) und die Gefangennahme Wolfs (20). Zuletzt nimmt Wolf bewusst eine sichtbare „rechte Hand" (22), als er sich zu erkennen gibt. Die Hand hat in verschiedenen Re-

ligionen symbolische Bedeutung: Bei den Römern verwendete man sie zur Weissagung, Gottes Hand ist sie bei den Christen und Juden. Aus der Hand lesen – ein uralter Brauch – bedeutet, die Zukunft voraussagen.

Stundenweiser meines Schicksals (10): Nach antiker Vorstellung bestimmte das Schicksal ein menschliches Leben. Verantwortlich waren die Schicksalsgöttinnen, die Moiren (griechisch) oder Parzen (römisch). Sie erschienen in Dreizahl: Klotho spann den Lebensfaden. Lachesis teilte den Lebensverlauf zu, Atropos schnitt den Lebensfaden ab. Daraus wurde auch die Vorstellung der Lebensuhr abgeleitet.

Kindermörderin (11): Die Kindermörderin war in der zweiten Hälfte des 18. Jahrhunderts ein bevorzugtes Thema der Rechtsdiskussion, der Publizistik und der Psychologie und beschäftigte in der Aufklärung und dem Sturm und Drang die Dichter. Sie konnten bei diesem Thema die moralische Verkommenheit des Adels mit dem moralischen Gefühl des Bürgers konfrontieren, gleichzeitig auch die überlastete und nach mittelalterlichen Kriterien urteilende Justiz vorführen. Das Thema reichte von Heinrich Leopold Wagners *Die Kindesmörderin* (1776) bis zu Johann Heinrich Pestalozzis Schrift *Über Gesetzgebung und Kindermord* (1789). Schiller bedichtete das Thema in seiner Ballade *Die Kindsmörderin* (in: *Anthologie auf das Jahr 1782*). Das berühmteste Beispiel wurde Gretchen in Goethes *Faust*.

Viertelmeile (11): Bei den verwendeten Maßen handelt es sich um die deutsche Meile (im Unterschied zur englischen Meile). Sie war bis 1872 gültig und betrug 7,420 km. Eine Viertelmeile waren also 1855 m.

einen wilden Mann (12): Der Begriff hatte mehrfache Bedeutung. Im Volksmund war es die Bezeichnung für Verbrecher, die wegen geistiger Unzurechnungsfähigkeit statt ins Zuchthaus in die Irrenanstalt kamen. Dann war es das Zivilisations-Gegenstück zum „edlen Wilden" der Aufklärung und Rousseaus, mit dem man den von der Zivilisation unverdorbenen Naturmenschen in den Kolonialgebieten bezeichnete. In Märchen (Brüder Grimm: *Der wilde Mann*; *Der Eisenhans*) und Mythen spielte er eine Rolle. Die von Schiller gegebene Beschreibung, besonders das Riesenhafte samt „große(r) knotige(r) Keule" entsprach der weitverbreiteten Vorstellung vom legendären wilden Mann, einem dem Volksglauben entstammenden halbmenschlichen Waldbewohner mit Riesenkräften.

bis zum Grassen (12): auf schreckliche Weise. In dem vorwiegend im Oberdeutschen gebräuchlichen Wort überlagern sich mehrere Bedeutungen aus mittelhochdeutscher Zeit. Dazu gehören „wütend" und „stechend", aber auch „weiß".

auf unsern Äckern und Feldern (14): Hier klingt eine im Sturm und Drang oft vorgebrachte Sozialkritik an: Noch bis weit ins Mittelalter hatten die Bauern das Recht zu jagen und sich so ihre Nahrung zu sichern. Erst als der Adel die Jagd als Sport und Zeitvertreib anzusehen begann, wurde sie zum Adelsprivileg (bis 1848) erhoben und unter schwere Strafe gestellt. Die Forstbeamten der Landesherren hatten das Wild anzufüttern – was zur Auswirkung hatte, dass Wildschweine oft Äcker und Felder der Bauern verwüsteten –, und die Adligen ruinierten anschließend bei der Jagd, was davon übrig geblieben war. Dass der Fürst die Äcker der Bauern für seine Jagd missbrauchte, stand in Gottfried August Bürgers Gedicht *Der Bauer an seinen Fürsten* (1776): „Die Saat, so deine Jagd zertritt, / Was Ross und Hund und du verschlingst, / Das Brot, du Fürst, ist mein!" Ursprünglich trug das Gedicht 1773 den Titel *Der Bauer. An seinen Durchlauchtigsten Tyrannen.*[49]

49 Gottfried August Bürger: *Gedichte*. Hrsg. von Arnold E. Berger. Leipzig und Wien: Bibliographisches Institut, o. J., S. 82 und 484

Distrikt ... zu den aufgeklärten (17): Das Zeitalter der Aufklärung im 18. Jahrhundert, sich auf den Verstand und die Erfahrung stützend, ging entschieden gegen Aberglauben und Hexenwahn vor. Bereits im *Philosophischen Wörterbuch* Voltaires (1764) wurde gegen den Aberglauben polemisiert und eingeschätzt, dass die Kirche Zauberer nicht als „betrogene Narren exkommuniziert" habe, „sondern als Menschen, die tatsächlich Umgang mit dem Teufel pflegten"[50]. Aufklärung war der Inbegriff für die Emanzipation des dritten Standes, verbunden mit der Kritik der herrschenden Religion, Naturanschauung, Staatslehre usw.; es war die Gegenbewegung zur Metaphysik des 17. Jahrhunderts.
Hass ... von der Menschheit ... gegen ihn selber (17): Der Umschlag von Gesellschaftskritik zur Selbstbezichtigung wie auch von der Rache in die Reue wurde mit Recht als „frühe(r) Auftakt zur dialektischen Psychologie Freuds"[51] gewertet.
der Siebenjährige Krieg (18): Krieg von 1756 bis 1763 zwischen den europäischen Großmächten Preußen – verbunden mit Hannover, Braunschweig, Hessen-Kassel und Sachsen-Gotha – und Österreich – verbunden mit Russland, Frankreich, Schweden, Sachsen und zahlreichen deutschen Reichsfürsten –, der sich auch mit dem Krieg zwischen Frankreich und Großbritannien um Kanada und Indien verquickte.
Werbungen (18): Der Siebenjährige Krieg beschäftigte Schiller in seinem Frühwerk mehrfach, sei es durch die verstärkten Soldatenwerbungen oder durch -verkäufe. Am berühmtesten wurde hier *Kabale und Liebe*, 2. Akt, 2. Szene: Der Kammerdiener des Fürsten bringt der Mätresse des Fürsten Lady Milford Brillanten, für die siebentausend „Landskinder" – „lauter Freiwillige" – nach Amerika verkauft wurden.

---

50 Voltaire: *Philosophisches Wörterbuch*, hrsg. von Rudolf Noack. Leipzig: Verlag Philipp Reclam jun., 1963 (Universal-Bibliothek Band 107), S. 54

51 Sautermeister, S. 277

Zeitrechnung meiner Verbrechen (18): Die Wilddiebereien werden nochmals von den eigentlichen Verbrechen nach der Festungshaft abgesetzt, denn um seine „Ehre" wurde Wolf gebracht, als man ihm das Zeichen des Galgens auf den Rücken brannte und auf die Festung schickte.
Supplikant (19): Bittsteller.
des Königs von Preußen (19): Friedrich II., der Große (1712–1786), regierte in Preußen 1740 bis 1786.
Reichsfürst (19): Hinter dem Reichsfürsten verbirgt sich Karl Eugen, Herzog von Württemberg (1728–1793, Herzog seit 1737). Am Siebenjährigen Krieg nahm er im Solde Frankreichs gegen Preußen teil. Er hatte „Partei genommen" gegen Friedrich II., obwohl der seine Jugend wohlwollend und helfend begleitet hatte. Berüchtigt wurde er durch den Verkauf von Soldaten an Holland und andere Staaten; mit den Einnahmen finanzierte er seine Verschwendungssucht.
Physiognomen (19): Der Torschreiber praktiziert nach vierzigjähriger Erfahrung das, was Lavater aus dem äußeren Erscheinungsbild des Menschen ableiten möchte. Der Hinweis erscheint wie ein ironischer Kommentar Schillers zur Lehre von der Physiognomie: Lebenserfahrung contra Schattenriss (s. S. 26 f. der vorliegenden Erläuterung).
eine schwere Hand (20): Zum zweiten Mal erscheint die Hand als Zeichen des unerkennbaren Schicksals, vgl. Anmerkung zu S. 10, „unsichtbare fürchterliche Hand". Ein drittes Mal bekommt die Hand eine schicksalhafte Bedeutung: Indem Wolf die rechte Hand des Vertrauen ausstrahlenden Oberamtmanns nimmt, gesteht er, wer er ist, und legt damit sein Schicksal in dessen Hand (22).
Uhr seines Schicksals (20): Die wichtigsten Vorgänge werden von einem unerkennbaren Schicksal bestimmt, der Mord (10) und die Gefangennahme (20). In beiden Fällen wird das

menschliche Leben mit einer Uhr („Stundenweiser", 10) verglichen.

die unerbittliche Nemesis (20): griech. „Zuteilung", Personifikation der göttlichen Macht nach ausgleichender Gerechtigkeit, die es dem Menschen nie zu wohl gehen lässt. Göttin der Vergeltung für begangenes Unrecht, zu vergleichen mit den Moiren. Auch Tochter der Nacht (Hesiod); Mutter der Helena.

Janhagel (20): Pöbel, hergelaufenes Volk; der Name entstand aus dem fiktiven Namen „Johannes Hagel" und wurde in der Literatur wie ein Name verwendet.

2.6 Stil und Sprache

Fachbegriffe aus der Psychologie und Rechtswissenschaft

Der Text wird anfangs von damals gebräuchlichen Fachbegriffen aus der Psychologie und Rechtswissenschaft getragen, die den ethischen Forderungen des aufklärerischen und klassischen Denkens entstammen, die an das Naturrecht erinnern und die sich auch in der Philosophie niederschlagen. Schließlich waren Systematisieren und Ordnen typische wissenschaftliche Arbeitsprinzipien, wie sie von Christian Wolff in der Philosophie und von Linné in der Botanik vorgenommen wurden. Deshalb spielt Terminologie in dem Text eine große Rolle. Es ist auch der zukünftige Historiker Schiller, der sich hier meldet und der die Psychologie eines Individuums beschreibt, das gesellschaftlichen Entwicklungen ausgesetzt ist. Vom berühmten Pathos des Dichters Schiller ist nichts zu spüren.

Der erste Satz

Der erste Satz „In der ganzen Geschichte des Menschen ist kein Kapitel unterrichtender für Herz und Geist als die Annalen seiner Verirrungen" hat eine herausragende Bedeutung. Der Zusammenhang zwischen der Erzählung und Schillers Dissertation wird hier offensichtlich: Der Arzt erweist sich als Philosoph und Erzähler. Er stellt einen Erzähler (Berichterstatter) vor, der ein festgefügtes Weltbild hat, in dem menschliches Wissen und Verhalten eine entscheidende lebensgestalterische Aufgabe haben. Seine Literaturauffassung geht von einer bildenden Wirkung der Literatur, nicht nur von einer unterhaltenden aus („unterrichtender") bzw. wird Bildung als Unterhaltung verstanden. Geschichte ist überschaubar, erkenn- und gliederbar („Kapitel") und sie vermittelt Erfahrungen. Aus den

Verirrungen und Fehlern, nicht aus den Vorbildern, lässt sich lernen. Ähnlich sieht es bei der Geschichte aus, die eine Geschichte des Menschen und ihrer Irrtümer, nicht der Ideen oder überirdischer Kräfte ist. Noch deutlicher wird der erste Satz im Zusammenhang mit dem gestrichenen Abschnitt aus der Erstveröffentlichung (*Thalia*, 2. Heft 1786):

> *„Die Heilkunst und Diätetik, wenn die Ärzte aufrichtig sein wollen, haben ihre besten Entdeckungen und heilsamsten Vorschriften vor Kranken- und Sterbebetten gesammelt. Leichenöffnungen, Hospitäler und Narrenhäuser haben das hellste Licht in der Physiologie angezündet. Die Seelenlehre, die Moral, die gesetzgebende Gewalt sollten billig diesem Beispiel folgen, und ähnlicherweise aus Gefängnissen, Gerichtshöfen und Kriminalakten – den Sektionsberichten des Lasters – sich Belehrungen holen. In der ganzen Geschichte der Menschheit ...“* (NA 405)

Hier wurden zuerst einzelne Wissenschaftsdisziplinen aufgezählt – es waren die von Schiller bevorzugt studierten – und dann schloss sich eine Art Zusammenfassung an. An die Stelle der Einzeldisziplinen trat in der Ausgabe von 1792 in den *Kleineren prosaischen Schriften* nur noch die Zusammenfassung, die Geschichte der Menschheit als übergreifend zusammenfassender Vorgang aller Vorgänge, nicht nur der genannten Einzeldisziplinen.

Systematisierung des Textes

Auffallend ist die Systematisierung des Textes, die auf die wissenschaftliche Absicht des Erzählers/Berichterstatters und auf sein dialektisches Bemühen hinweist. Als er sein Vorgehen, den Gedanken nachzugehen, nicht den Taten (4), begründet, bezieht er andere Wissenschaftsgebiete ein. Erstens wird der geologische Vorgang einer Untersuchung des „Erdreich(s)“ (4) am Vesuv bemüht, um einen Ausbruch zu erklären (4). Untersuchung und Ausbruch stehen für Gedanken und Taten. Zweitens nimmt der Erzähler ein botanisches Beispiel und findet im gleichen Beet „heilsame Kräuter" und „den giftigen Schierling" (5); er erklärt die „moralische Erscheinung" (4) des Menschen also mit den Bedingungen, die unabhängig vom Menschen wirken würden. Drittens verallgemeinert er philosophisch, dass sich innerhalb der dialektischen Beziehung „Weisheit und Torheit, Laster und Tugend in einer Wiege beisammen ... finden" (5). Aus dieser Dialektik folgt nach Schiller, dass einseitige Sichtweisen ausgerottet werden, „womit gemeiniglich die ungeprüfte aufrecht stehende Tugend auf die gefallne herunterblickt" (5), wenn man die Geschichte solcherart behandele.

Die Begründung des Wolf'schen Scheiterns vollzieht sich nach dem gleichen Prinzip in drei Stufen: Christian Wolf war familiär beeinträchtigt („... der Vater war tot", 5), sozial benachteiligt („Die Wirtschaft war schlecht", 5) und natürlich zurückgesetzt („Die Natur hatte seinen Körper verabsäumt.", 5). Daraus ergibt sich sein Handeln: „Er wollte ertrotzen, was ihm verweigert war" (5). Es ist immer ein sprachlich-gedanklicher Dreischritt, der Handlungen begründet.

Ähnlich systematisierend gliedert Schiller den Text an seinem rechtlichen Höhepunkt, auf dem sich Christian Wolf als Opfer der Gesetze und Märtyrer des Naturrechts (8) sieht: Erstens stellt er die sich ausschließenden gesetzlichen Möglichkeiten gegenüber (natürliches Recht – Gesetze); zweitens konfrontiert er die Folgen (Naturrecht brächte „Sonne" und „weite Aussicht" – Gesetze die „Ketten", 8). Drittens ergeben sich aus dem Gegensatz von „Freiheit" (8) in der Natur (der „freie Zugwind", Schwalbe) und menschlicher „Gefangenschaft" (8) eine neue Leidenschaft: „unversöhnliche(r) glühende(r) Hass" (8) gegenüber den Menschen. Aus dem dialektisch angelegten Erkenntnisprozess (These – Antithese – Synthese) entsteht eine neue Handlungsbereitschaft und -absicht.

sprachlich-gedanklicher Dreischritt

Auch diese vollzieht sich in einem sprachlich-gedanklichen Dreischritt auf dem Höhepunkt der Handlung, dem Mord an seinem früheren Nebenbuhler. „Die ganze Welt" (10) kristallisiert sich in einem Schuss, „der Hass meines ganzen Lebens" (10) in einer Fingerbewegung; beide werden „unwiderruflich" eingeholt vom „Schicksal" (10): In allen Formulierungen wird Endgültigkeit (ganz, unwiderruflich) erkennbar, gleichzeitig bleibt der Mensch in seinen Entscheidungen letztlich durch das Schicksal bestimmt.

2.7 Interpretationsansätze

(Einzelne Interpretationsansätze, vor allem im Zusammenhang mit dem historischen Hintergrund, finden sich bei den sachlichen und sprachlichen Erläuterungen 2.5, S. 50 ff.)

Schillers Erzählung war weniger ein **Ergebnis des Dichters als des Naturwissenschaftlers.** Aus diesem Grunde unterschied er auch zwischen „diesen beiden Methoden" (4); er nutzte die des „Geschichtsschreibers" (4), nicht die des „Schriftstellers" (4). Was sich im Text niederschlug, waren die Ergebnisse seiner Studien auf der Militärakademie. Sie betrafen Jura (Naturrecht, Reichsgeschichte, Rechtsaltertümer) und Medizin. Die zugehörige Begrifflichkeit aus Rechtswissenschaft, Naturwissenschaften und Medizin, bevorzugt Psychologie, findet sich durchgehend in dem Text. Seine Hauptgestalt Christian Wolf setzte Schiller in einen juristischen Grundkonflikt: „Ich betrachtete mich als den Märtyrer des natürlichen Rechts und als ein Schlachtopfer der Gesetze." (8) Naturrecht und Strafrecht standen einander gegenüber. Das Naturrecht war durch Rousseau zum Thema geworden. Es wurde der Zivilisationsgeschichte, die erst durch die Arbeitsteilung ausgelöst worden sei, entgegengestellt. Im Naturrecht gab es kein Privateigentum; das Verhalten des Menschen wurde durch die Gemeinschaft bestimmt, in der die existenziellen Bedürfnisse befriedigt wurden. Rousseau bestimmte 1754 das Gesetz des Naturrechts so: „Um Gesetz zu sein, muss nicht nur der Wille desjenigen, den es verpflichtet, sich ihm bewusst unterwerfen können, es muss zudem, um natürlich zu sein, sich unmittelbar durch die Stimme der Natur kundtun."[52]

Naturrecht und Strafrecht

52 Jean-Jacques Rousseau: *Abhandlung über den Ursprung und die Grundlagen der Ungleichheit unter den Menschen.* In: Rousseau: Ein Lesebuch für unsere Zeit. Berlin: Aufbau Taschenbuch Verlag, 1993, S. 91

Für Rousseau war das der Urzustand der Menschheit und ihre glücklichste Epoche; nach ihren Kriterien - Gemeineigentum, Gleichheit der Menschen, keine Institutionalisierung der Macht usw. - wollte Schillers Christian Wolf leben, was sich als unmöglich erwies und ihm verwehrt wurde. Deshalb bezeichnete er sich als „Märtyrer des natürlichen Rechts". Behandelt wurde er nach den Gesetzen der Zivilisation, in der Privatinteressen und egoistische Eigenliebe, soziale Unterschiede und das Recht des Stärkeren dominierten: Dieser Zivilisation und ihren Gesetzen sah sich Wolf als „Schlachtopfer" ausgeliefert. Schiller setzte die revolutionäre These von der Gleichheit und Freiheit aller Menschen gegen die ständisch organisierte feudalabsolutistische Ordnung. Das Problem ging weit über Schillers Zeit hinaus und stellt sich bis in die Gegenwart als ungelöst dar. Die durch die Natur benachteiligten Menschen fanden bisher in keinem Gesellschaftsentwurf einen Ausgleich für die Nachteile, die sie zu tragen hatten. Auch im moralischen Bereich sind Neigung und Liebe bis heute durch Prestige, Wohlstand, gleichen Bildungsstand und Geschenke wesentlich bestimmt. Schließlich stellen sich die Fragen der Resozialisierung nach wie vor drängend: Schillers Christian Wolf kämpfte verzweifelt und unter fast vollständigem Verzicht auf individuelle Ansprüche um diese Resozialisierung; sie gelang ihm nicht.[53]

aufklärerische Akzente

Die aufklärerischen Akzente in Schillers Erzählung werden in vielen Erscheinungen erkennbar, dominieren aber in zwei: Die Entwicklung Christian Wolfs zum Verbrecher wurde mit modernen naturwissenschaftlichen Erkenntnissen der Medizin und der

53 Konsequent widmete sich diesem aktuellen Gesichtspunkt der Aufsatz *Schillers „Verbrecher aus verlorener Ehre" – Zur Aktualisierung eines Klassikers*. In: Projekt Deutschunterricht. Bd. 9 (Literatur der Klassik II), hrsg. von Bodo Lecke in Verbindung mit dem Bremer Kollektiv. Stuttgart 1975, S. 113–145.

Psychologie verfolgt und nicht als göttlich determiniert oder vorgeprägt verstanden. Das aber hatte zur Folge, dass sich das Interesse Schillers auf die physische Erscheinung und die psychologische Entwicklung des Täters und nicht auf die Taten konzentrierte. Aus diesem Grunde brach er die Erzählung auch, nachdem sich Wolf freiwillig gestellt hatte, ab; über ihren Ausgang hatte er in einer epischen Vorwegnahme („... er starb durch des Henkers Hand ...", 5) bereits informiert. Aufklärerisch ist auch die moralische Läuterung, die Schiller seinem Wolf auferlegt. Ehe sich Wolf entschließt, sich freiwillig zu stellen, hat er alle Stufen zum Bösen durchlaufen und ist von kleinen kriminellen Delikten bis zum Mord gelangt. Die Ursachen lagen in einer ungerechtfertigten Erhöhung der Vergehen zum Verbrechen – mitbestimmt durch den Konflikt mit der Staatsmacht – und der völlig ungenügenden Beschäftigung mit der menschlichen Psyche und den daraus folgenden sozialen Benachteiligungen. Schillers Vorstellung war, dass beim Erreichen des Tiefpunktes moralischen Versagens der Umschlag zur Besserung einsetze: „Jetzt fühlte er, wie tief er gefallen war, ruhigere Schwermut trat an die Stelle knirschender Verzweiflung." (18)

Schiller entwickelte mit dem Fall des Christian Wolf eine Gerechtigkeit, die menschliche Veranlagungen und soziale Bedingungen bei der Beurteilung des Falles berücksichtigen sollte; für Wolf kam diese Gerechtigkeit nicht zum Tragen. Kriminelle Handlungen entsprangen Schillers Meinung nach nicht der individuellen Veranlagung, sondern den sozialen Bedingungen, den Staats- und Rechtssystemen und der Unfähigkeit der Gesellschaft, mit Deformationen des Menschen umgehen zu können. Diese Rechtsauffassung Schillers war eine außerordentlich moderne.

Rechtsauffassung Schillers

Die Erzählung nahm auch das zu jener Zeit beliebte **Thema der Räuber** auf, allerdings nur als eines unter vielen. Es wurde einmal sozialkritisch behandelt, wie es Schiller selbst in seinen *Räubern* (1781) getan hatte, aber es war auch ein Thema für das große Publikum und damit für die Unterhaltungsliteratur. Besonders erfolgreich auf diesem Gebiet war Goethes späterer Schwager Christian August Vulpius (1762–1827) mit *Rinaldo Rinaldini, der Räuberhauptmann. Eine romantische Geschichte unseres Jahrhunderts, in 3 Teilen oder 9 Büchern* (1798). Schillers Erzählung sah sich zwar im Dienste der Unterhaltungsliteratur, aber im Grunde deshalb, weil Schiller den aufklärerischen Gedanken der Erziehung umzusetzen versuchte und wegen der „schädlichen Folgen"[54] der Boulevardpresse seiner Zeit das Publikum wenigstens von der Lektüre dieser Presse abhalten wollte. Zum Fernziel, dass das „Publikum kultiviert sein wird, um das Wahre, Schöne und Gute ohne fremden Zusatz für sich selbst lieb zu gewinnen"[55], war es seiner Meinung nach ein weiter Weg. –

54 Schiller: *Vorrede zu dem ersten Teile der merkwürdigsten Rechtsfälle nach Pitaval*, S. 142

55 ebd.

3. Themen und Aufgaben

Die Lösungstipps verweisen auf die Seiten der vorliegenden Erläuterung.

1) Thema: Die rechtliche Situation Christian Wolfs

Textgrundlage: Der gesamte Text
Lösungshilfe: S. 50, 67 ff.

- Beschreiben Sie die Vergehen und das Verbrechen Christian Wolfs. Erklären Sie den Titel der Erzählung.
- Setzen Sie die Strafen in Beziehung zu diesen Vergehen und Verbrechen.
- Unterscheiden Sie Naturrecht und „Gesetze" (8).
- In welchem juristischen Konflikt sieht sich Christian Wolf?

2) Thema: Der erste Satz der Erzählung

Textgrundlage: 1. Satz der Erzählung
Lösungshilfe: S. 63

- Erklären Sie die Funktion des ersten Satzes in der Erzählung. Versuchen Sie, Schillers Studien damit in Verbindung zu bringen.
- Beschreiben Sie „die Annalen" der menschlichen Verirrungen. Was gehört hinein?
- Wie sollte nach Schiller die Literatur wirken?
- Welche Faktoren bestimmen nach Schiller den Gang der Geschichte?

3) Thema: Der naturwissenschaftliche Hintergrund der Erzählung

Textgrundlage: gesamter Text
Lösungshilfe: S. 63 ff., 68 ff.

- Beschreiben Sie den naturwissenschaftlichen Hintergrund am Text (Begriffe, Namen usw.).
- Welche Rolle spielt dieser Hintergrund bei der Frage nach dem Zusammenhang von Aussehen und Charakter Christian Wolfs? Beziehen Sie Schillers *Räuber* in diese Thematik ein.
- In welches geistig-philosophische Umfeld gehören Schillers Fragestellungen?

4) Thema: Die Rezeption der Erzählung Schillers

Textgrundlage: der gesamte Text, Bölls Erzählung
Lösungshilfe: S. 84 ff.

- Beschreiben Sie die Parallelen zwischen Schillers Erzählung und Heinrich Bölls *Die verlorene Ehre der Katharina Blum.*
- Welche Bedeutung hat in beiden Texten die dreifache Entehrung?
- Wie ist in beiden Fällen der Schuss auf den Widersacher zu verstehen?
- Wie aktuell ist Schillers Erzählung?

5) Thema: Die sprachliche Gestaltung

Textgrundlage: der gesamte Text
Lösungshilfe: S. 47 ff., 63 ff.

- Beschreiben Sie Besonderheiten der Sprache Schillers. Was machte Ihnen Schwierigkeiten, was hat Ihnen gefallen?

- Stellen Sie Begriffe zusammen, die Ihrer Meinung nach fachsprachlicher Herkunft sind bzw. zu Schillers Studien gehören könnten.
- Was meint Schiller, wenn er den „Geschichtsschreiber" (4) betont und vom Dichter/Schriftsteller abhebt?

6) Thema: Der Aufbau der Erzählung

Textgrundlage: der gesamte Text, Kürzungen (s. S. 34 ff. der vorliegenden Erläuterung)
Lösungshilfe: S. 44 ff.

- Stellen Sie die dramatischen Bestandteile in der Erzählung heraus und beschreiben Sie, wie Schiller zwischen den Abschnitten variiert.
- Fügen Sie die gekürzten Stellen in die Erzählung ein. Erläutern Sie, warum Schiller sie gestrichen haben könnte.
- Was bringen diese gekürzten Passagen für die Handlung ein?
- Stellen Sie die Beziehung zwischen dem Berichterstatter und den Erzählungen/Briefen Wolfs dar.

7) Thema: Die Läuterung des Christian Wolf

Textgrundlage: die gesamte Erzählung
Lösungshilfe: S. 48 ff., 69 ff., 76

- Beschreiben Sie den Anteil von Justiz, Gesellschaft und Staat am Schicksal Christian Wolfs.

- Vergleichen Sie das staatliche System, das Wolf verurteilt, mit dem System der Räuber, in dem Wolf seine Ehre zeitweise wiederfindet.
- Wie wirkt sich Wolfs Sinnlichkeit auf seine kriminellen Handlungen aus?
- Welche Entwicklungen bewirken, dass sich Wolf selbst stellt, und wie beurteilen Sie diese Entscheidung?

4. Rezeptionsgeschichte

Die Öffentlichkeit nahm die „wahre Geschichte" zur Kenntnis, wie Schiller es beabsichtigt hatte: Sie betrachtete den Text als „vortrefflich(n) Aufsatz", als „gute Lektion".[56] Andere kritisierten den wissenschaftlichen Charakter des Textes und hätten ihm „mehr historischer Simplizität"[57] gewünscht. 1788 erschien „eine theatralische Menschenschilderung für Richter und Psichologen in drei Akten" unter dem Titel *Verbrechen aus Infamie*[58] von Gottfried Immanuel Wenzel (1754–1809), der auch Schillers Romanfragment *Der Geisterseher* (1787–89 in der *Thalia* Heft 4 bis 8 bzw. in Buchform Leipzig 1789) dramatisiert hatte. Die Szenen hielten sich an Schillers Vorlage und zeigten einen Wolf, der bei den Räubern nicht nur seine Ehre wiederfindet, sondern endlich auch seine Sinnenlust befriedigen kann. Schillers in direkter Rede angelegte Gespräche im Text übernahm Wenzel wortwörtlich.

Im **literarischen Ensemble der Zeit** stellte Schillers Erzählung eine Besonderheit dar. In der Prosa gab es erste Beispiele des Entwicklungsromans, wie er später in Goethes *Wilhelm Meisters Lehrjahre* (4 Bände, 1795/96) seinen Höhepunkt fand. Die fragmentarische Frühfassung *Wilhelm Meisters theatralische Sendung* war 1776 entstanden. Während dieses Fragment erst 1910 bekannt wurde, lagen Romane Wielands (*Die Geschichte des Agathon*, 1766/67), Heinrich Jung-Stillings (*Heinrich Stillings Jugend*, 1777) und schließlich Karl Philipp Moritz' (*Anton Rei-*

---

56 Nürnbergische gelehrte Zeitung, Nürnberg 1786, 4. April, Gothaische gelehrte Zeitungen. Gotha 1786, 12. April. In: *Schiller und Goethe im Urteile ihrer Zeitgenossen*. Zeitungskritiken, Berichte und Notizen, Schiller und Goethe und deren Werke betreffend, aus den Jahren 1773–1812, gesammelt und herausgegeben von Julius W. Braun. Erste Abteilung: Schiller, 1. Band. Leipzig: Bernhard Schlicke (Balthasar Elischer), 1882, S. 139, 140

57 Hallische Gelehrte Zeitungen, Halle 1786, 17. August. In: *Schiller und Goethe im Urteile ihrer Zeitgenossen*, ebd., S. 141

58 Zwei Szenen aus dem 2. Aufzug sind abgedruckt in Diekhans, S. 81 ff.

ser, 1785, 1. Buch) vor. Schillers Erzählung wirkte wie ein Gegenstück zu diesen Bildungsromanen: Es wurde nicht die Bildung und Erziehung, sondern die Zerstörung eines durchaus begabten Menschen vorgestellt. Statt der pädagogischen und künstlerischen Angebote, die den Erziehungsweg organisierten, waren es hier Vergehen und Verbrechen sowie ihre Bewertung durch Staat und Justiz, die die „Bildung" Wolfs organisierten.

Gegenstück zu Bildungsromanen

Vom 4. Dezember 1788 bis zum 1. Februar 1789 war der Schriftsteller Karl Philipp Moritz (1756–1793) Gast Goethes in Weimar. Er hatte 1786 in Italien freundschaftlich mit Goethe verkehrt, ihn bei der Umarbeitung der *Iphigenie auf Tauris* in Jamben[59] beraten und in dieser Zeit Schillers *Verbrecher aus Infamie* in der *Thalia* gelesen. Er war überrascht, in Schillers Christian Wolf Empfindungen und Eigenschaften zu finden, die mit seiner autobiografisch geprägten Romangestalt Anton Reiser übereinstimmten. Schiller, der mit Moritz im Juli 1786 in Leipzig zusammengetroffen war, schätzte „sein Genie"[60], fühlte sich aber sonst nicht als sein Freund. Schiller bot Charlotte von Lengefeld und ihrer Schwester Caroline von Beulwitz an, über Moritz und die Gespräche mit ihm zu berichten, weil die beiden Frauen sich für ihn interessierten. Er schrieb ihnen am 10. Dezember 1788 von den Ähnlichkeiten zwischen Moritz' Anton Reiser, der Titelgestalt des „psychologischen Romans" (aus: *Anton Reiser. Ein psychologischer Roman*, 1785 1. Teil, 1786 2. und 3. Teil, 1790 4. Teil), und seinem Christian Wolf. Moritz habe eine grundsätzliche Übereinstimmung der „Empfindungs-

Karl Philipp Moritz

59 Vgl. dazu: Rüdiger Bernhardt: *Johann Wolfgang von Goethe. Iphigenie auf Tauris*. Königs Erläuterungen und Materialien Band 15, Hollfeld: C. Bange Verlag, 2005, 3. Auflage, S. 34 ff.

60 Schiller an Charlotte von Lengefeld und Karoline von Beulwitz, 4. Dezember 1788. In: Friedrich Schiller: *Briefe* in zwei Bänden, ausgewählt und erläutert von Karl-Heinz Hahn. Berlin und Weimar: Aufbau-Verlag, (BDK) 1982, 1. Band, S. 210

art" (NA 407) festgestellt. Eine Abhängigkeit war kaum vorhanden, denn beide Werke entstanden parallel, ihre Handlungen sind einander nicht ähnlich. Zwei Prinzipien stimmen aber überein: Schiller und Moritz erklärten die Handlungen des Menschen aus komplexen Prägungen, in die psychologische, soziale und juristische Bedingungen eingingen und die als „die innere Geschichte des Menschen"[61] angesehen wurden, und sie konstituierten ihre Handlungen wissenschaftlich aus „Beobachtungen größtenteils aus dem wirklichen Leben"[62]. Beide setzten diese Prinzipien in Handlung um, indem sie ihre Hauptfiguren Christian Wolf und Anton Reiser für kleine Vergehen bzw. Untaten schwere Strafen erleiden ließen, die beide als Unrecht begriffen und wodurch sie ihre Tätigkeiten bestimmen ließen.

Schiller war von den Gesprächen über seine Lieblingsideen, die er mit Moritz führte, angetan und berichtete auch Christian Gottfried Körner am 12. Dezember 1788 darüber. Es war ihm Anlass, sich in beiden Briefen (an die Schwestern Charlotte und Caroline sowie an Körner) nochmals über den Unterschied von Geschichtsschreibung und Roman auszulassen, den er beiden Wahrheit, wenn auch unterschiedliche, zubilligte: die Wahrheit der Geschichte und die „innere Wahrheit", die Kunstwahrheit des Romans. Den Unterschied sah Schiller darin, dass der Dichter gestalte, was gefühlt werde, der Geschichtsschreiber beschreibe die historischen Vorgänge. Abschließend klang diese durch Schillers Erzählung und das Treffen mit Moritz ausgelöste grundsätzliche Überlegung in einem Brief an Körner an, in dem Schiller seine zunehmende Orientierung auf die Dichtung als Ergänzung zur Geschichtsschreibung mitteilte:

61 Karl Philipp Moritz: *Anton Reiser*. In: Karl Philipp Moritz: Werke, hrsg. von Horst Günther, Frankfurt am Main: Insel Verlag, 1993 (2. Auflage), 1. Band, S. 36

62 ebd.

„Der Künstler und dann vorzüglich der Dichter behandeln niemals das Wirkliche, sondern immer nur das Idealische oder das kunstmäßig Ausgewählte aus einem wirklichen Gegenstand. ... Der Dichter, der sich nur Schönheit zum Zweck setzt, aber dieser heilig folgt, wird am Ende alle andern Rücksichten, die er zu vernachlässigen schien, ohne dass er's will oder weiß, gleichsam zur Zugabe mit erreicht haben ...“[63]

1792 hatte Schillers Erzählung ihre **endgültige Fassung** und den Titel *Der Verbrecher aus verlorener Ehre* gefunden. 1794 erschien eine anonyme Dramatisierung (*Der Sonnenwirt*, ein Trauerspiel in 5 Aufzügen nach Schillers Geschichte *Der Verbrecher aus verlorener Ehre,* Frankfurt und Leipzig bei Johann Gottlob Pech) auf dem Markt[64], in die ein völlig neues, triviales Element einbezogen wurde: Wolf erfährt, dass er adliger Herkunft ist; allerdings kommt diese Information zu spät.[65]

Thema vom Sonnenwirt

Das Thema vom Sonnenwirt fand im 19. Jahrhundert mehrfach eine Neugestaltung (u. a. Wilhelm Friedrich Wüst: *Der Sonnenwirtle oder Leben und Taten des berüchtigten Räubers und Mörders Johann Friedrich Schwan von Ebersbach*, 1854; Hermann Kurz: *Der Sonnenwirt, schwäbische Volksgeschichte aus dem vorigen Jahrhundert,* erschienen 1854 als 4. Band der „Deutschen Bibliothek“ des Frankfurter Verlages Meidinger Sohn und Co, mehrfach neu aufgelegt; s. S. 92 der vorliegenden Erläuterung), auch Dramatisierungen (W. Cramer: *Der Sonnenwirt*, 1854).

---

63 Schiller an Christian Gottfried Körner, 25. Dezember 1788. In: Friedrich Schiller: *Briefe* in zwei Bänden, ausgewählt und erläutert von Karl-Heinz Hahn. Berlin und Weimar: Aufbau-Verlag, (BDK) 1982, 1. Band, S. 215 f.

64 Es folgten mehrere Bearbeitungen (Räubergeschichten, Dramen), über sie informiert: Willi Stoeß: *Die Bearbeitungen des ‚Verbrechers aus verlorener Ehre‘*. Mit Benutzung ungedruckter Briefe von und an Herm. Kurz. Stuttgart: J. B. Metzlersche Buchdruckerei, 1913; vgl. NA 408

65 Diese und andere Bearbeitungen werden mitgeteilt in: Elisabeth Frenzel: *Stoffe der Weltliteratur. Ein Lexikon dichtungsgeschichtlicher Längsschnitte.* Stuttgart: Alfred Kröner Verlag (Kröners Taschenbuchausgabe, Bd. 300), 1988, S. 707 ff.

In der Folgezeit wurden neu entstandene Novellen oft mit Schillers Erzählung verglichen, ohne dass sie direkt abhängig gewesen wären. Das betraf Heinrich von Kleists *Michael Kohlhaas,* wo es in ähnlicher Weise um eine zerstörte Ehre ging. Auch Kleist nutzte vorhandenes Material, ging mit Orten und Namen frei um. Dabei legte Kleist auf einen chronikalischen Stil großen Wert; der Untertitel „Aus einer alten Chronik" bereitete diesen Stil vor, der erste Satz legte ihn fest und ließ keine theoretischen Auslassungen mehr zu: „An den Ufern der Havel lebte, um die Mitte des sechzehnten Jahrhunderts, ein Roßhändler, namens Michael Kohlhaas, Sohn eines Schulmeisters, einer der rechtschaffensten zugleich und entsetzlichsten Menschen seiner Zeit." – Kohlhaas, ein wohlhabender Pferdehändler, wurde um seine Pferde geprellt, versuchte seine Ansprüche durchzusetzen, geriet als Selbsthelfer immer mehr in Widerspruch zum herrschenden Gesetz und wurde schließlich hingerichtet. Sein Rechtsbewusstsein machte ihn zum Räuber und Mörder. Auf die Ähnlichkeit mit Schillers Erzählung wies Kleists und Schillers Biograf Otto Brahm hin: „Ein sophistischer Untergrund ist in dieser Darstellung (Kohlhaas' Kampf um sein Recht, R. B.) nicht zu verkennen, so wenig wie etwa in Schillers *Verbrecher aus verlorener Ehre*"[66]. Brahm sah auch die Unterschiede zwischen beiden Werken. Der auffälligste bestand darin, dass Kleist auf die philosophischen Erörterungen Schillers verzichtet und sofort den Leser hineingerissen habe „in das Geschick seines Helden bis zuletzt. Er reflektiert nicht erst lange, er braucht keine umständlichen philosophischen Erörterungen vor und in der Geschichte, sondern recht in der Mitte der Sache finden wir uns nach wenigen Zeilen."[67]

Heinrich von Kleists *Michael Kohlhaas*

66 Otto Brahm: *Heinrich von Kleist.* Berlin: Allgemeiner Verein für Deutsche Literatur, 1884, S. 276
67 ebd.

Theodor Storms Novelle
Ein Doppelgänger

Theodor Storms Novelle *Ein Doppelgänger* (im Dezember 1886 in der von Karl Emil Franzos herausgegebenen *Deutschen Dichtung* veröffentlicht) bietet ebenfalls Möglichkeiten des Vergleichs. Storm lehnte Beziehungen zu Vorlagen ab, dennoch finden sich in der 100 Jahre nach Schillers Erzählung erschienenen Novelle Parallelen, von denen sicher einige aus der Ähnlichkeit der Thematik stammen, andere aus der juristischen Bildung beider Dichter, aber auch auf Schiller weisen könnten. So verbüßt Storms Hauptgestalt eine sechsjährige Zuchthausstrafe, die ihn lebenslang prägt und immer wieder die Frage stellen lässt: „... wie find ich meine verspielte Ehre wieder?“[68] Schiller und Storm nahmen, für ihre Zeit ungewöhnlich, ihre Gestalten vom untersten Rand der sozialen Hierarchie: Dort war es ein besitzloser Bauer und Gastwirt, hier ein Proletarier. In der Dichte des Milieus, in dem die „verlorene“ oder „verspielte“ Ehre die Folge des sozialen Außenseitertums und der Armut ist, sind sich Schiller und Storm sehr ähnlich; Storm wurde dadurch auch unabsichtlich Partner der jungen Naturalisten, die die Determination des Menschen durch das Milieu gegen Willensfreiheit aufrechneten. Die Partnerin des Zuchthäuslers heißt wie die in Schillers Erzählung Hanna, die beiden Frauen sind arm bis zum Betteln. Der Zuchthäusler selbst bekommt wie Schillers Gestalt einen territorial geprägten Namen: Hieß jener „der Sonnenwirt“, so heißt dieser nach einem Zuchthaus „John Glückstadt“. Beide behalten eine geraubte Uhr nicht; jener bringt sie zurück (11), dieser verschenkt sie. Sind das ähnliche Details, so lassen sich zwei grundsätzliche Handlungselemente miteinander vergleichen: In beiden Fällen sind die frühen kriminellen Taten

68 Theodor Storm: *Ein Doppelgänger*. In: Theodor Storm: Werke, hrsg. von Fritz Böhme. 7. Bd., Leipzig: Bibliographisches Institut AG, o. J., S. 102

„Jugendschuld", mehr „Unglück als ein Verbrechen"[69], lösen aber die eigentlichen Verbrechen aus, weil das Bild der Betroffenen in beiden Fällen fast ausschließlich von diesen frühen Taten her geprägt wird. Das schließlich ist das zweite Element: Auch einhundert Jahre später wurde „das Buch der Gesetze" befragt, nicht aber die „Gemütsverfassung des Beklagten" (7). Nach dem Verbüßen der Strafe wurden die Betroffenen in beiden Fällen, „wie gebräuchlich, der lieben Mitwelt zur Hetzjagd überlassen"[70]. An der juristischen Wirklichkeit des Deutschen Reiches von 1871 hatte sich gegenüber der juristischen Wirklichkeit der absolutistischen deutschen Fürstentümer wenig geändert. Der wesentliche Unterschied zwischen beiden Werken ist, dass in Schillers Erzählung noch offen ist, ob die vom Berichterstatter betriebene Analyse der psychischen Verfassung Christian Wolfs soziale Veränderungen auszulösen hilft; schließlich befand man sich in der Zeit vor der Französischen Revolution von 1789. Bei Storm waren Änderungen nicht vorgesehen, die Rahmenhandlung nimmt die Tochter von Zuchthäusler und Bettelmädchen in solide bürgerliche Lebensverhältnisse auf und trennt die Erinnerungen an ihre Vergangenheit nachhaltig von ihr ab.

Literaturgeschichten

Literaturgeschichten schenkten der Erzählung wenig Aufmerksamkeit oder beließen es bei beiläufigen Nennungen. Umso bemerkenswerter ist eine Biografie aus naturalistischer Zeit. Die deutschen Naturalisten, die gegen den Klassizismus angetreten waren, sahen die eigentliche Ursache für die Niveaulosigkeit der Literatur und ihr Erstarren in überholten Formen in den Werken der Klassiker. Nur wenige Werke aus der Sturm-und-Drang-Zeit Goethes und Schillers fanden überhaupt noch Be-

69 ebd., S. 115
70 ebd., S. 142

achtung; Schiller stand dabei zusätzlich im Schatten Goethes. Einer der berühmtesten Theaterleiter naturalistischer Zeit, Vorkämpfer eines neuen Dramas und konsequenter Partner Gerhart Hauptmanns war Otto Brahm. Er war auch der Verfasser einer zweibändigen Biografie über Friedrich Schiller. Darin fand er bemerkenswerte Worte über Schillers Erzählung, die er in den Kontext naturalistischer Theorien rückte – er fand die Determination des Menschen durch das Milieu bereits bei Schiller beschrieben. Damit machte er Schillers Erzählung zum Vorbild moderner Literatur: Schiller habe „die Wahrheit des Ereignisses" betont, „weniger die Handlung, als ihre psychologischen Ursachen ziehen ihn an. Auch dieses Interesse ist ihm in Dresden, im Umgange mit Körner, voll erwacht, und er selber nennt einmal die Frage nach den ‚Quellen der Handlungen' seine und Körners ‚Lieblingsmaterie' … er gelangt dazu, als ein Vorläufer moderner Kunst, den Einfluss des Milieu, der umgebenden Welt auf die Entwicklung des Individuums kräftig zu kennzeichnen"[71].

Otto Brahm

Ebenfalls aus dieser Zeit stammt Peter Hilles Erzählung *Ich bin der Mörder* (1888), die mindestens in ihrer Lösung Ähnlichkeit mit Schillers Erzählung hat. Die Erzählung erschien im gleichen Jahr wie Gerhart Hauptmanns *Bahnwärter Thiel* und wie dieser im wichtigsten Publikationsorgan des frühen Naturalismus: *Die Gesellschaft. Realistische Wochenschrift für Literatur, Kunst und öffentliches Leben* (hrsg. von Michael Georg Conrad und Karl Bleibtreu). Durch Hilles Erzählung hielt der Mörder Einzug in die Zeitschrift; die Erzählung zeigte sich deutlich im Schatten von Dostojewskis *Schuld und Sühne*. Beim Begründen des Themas Mord und Mörder berief sie sich

Peter Hilles Erzählung *Ich bin der Mörder*

71 Otto Brahm: *Schiller*. 2. Band, Berlin: Verlag von Wilhelm Hertz, 1892, S. 109

auf Schiller und die *Räuber*. Der Mörder, der wie bei Schiller seine Taten beschreibt, sprach Schiller aber Erfahrungen mit dem Thema ab, denn

> *„in Wirklichkeit ist ein Mord doch viel freier, großartiger, ich möchte sagen edler und unbefangener, als man es so gemeinhin dargestellt findet. Es ist so etwas Heiteres, Hohes, alle Vorurteile Abwerfendes darin, was eben nur der Kenner versteht. Ich selbst möchte es gern dichterisch darstellen, aber man glaubte mir nicht, und glaubte man's, so würde mein Beruf bald meinem irdischen Dasein im Wege stehn, mich verhindern, ihn zu genießen."*[72]

Das Ende der Erzählung ist nicht mehr ein Monolog des Mörders, sondern ein Dialog des Mörders mit der Polizei, bei der er sich freiwillig stellt und am Ende gesteht: „Ich bin der Mörder."[73] Die Erzählung versteht ironisch, mit zynischen Zügen den Mord als Unterhaltung einer pervertierten Gesellschaft, die durch nichts anderes mehr amüsiert werden kann.[74] Hilles Protest gegen diese Gesellschaft steckte in dem Vorgang, Morde zu Kunstwerken zu machen, als Mörder ein Künstler zu sein. Darin lag Hilles Modernität.
Seit den **sechziger Jahren des vorigen Jahrhunderts** erlebte Schillers Erzählung „zweifellos im Zusammenhang mit dem sozialrevolutionären Impetus jener Zeit"[75] eine umfangreiche Beachtung, die sich auch in zahlreichen Interpretationen und Projekten niederschlug. Die Rezeption ist „in den aufklärungswilligen siebziger Jahren sprunghaft angestiegen"[76]. Diese Renaissance hält bis in die Gegenwart an.

---

72 Peter Hille: *Ich bin der Mörder*. In: Peter Hille. Gesammelte Werke, hrsg. von Friedrich Kienecker, Band 4. Essen: Ludgerus Verlag 1985, S. 211

73 ebd., S. 222

74 Vgl. dazu: Rüdiger Bernhardt: *„Ich bestimme mich selbst." Das traurige Leben des glücklichen Peter Hille (1854–1904)*. Jena: Verlag Dr. Bussert & Stadeler, 2004, S. 90 ff.

75 Jacobsen, S. 16

76 Sautermeister, S. 279

Heinrich Bölls *Die verlorene Ehre der Katharina Blum*

Einen Höhepunkt erlebte die Rezeption durch Heinrich Bölls *Die verlorene Ehre der Katharina Blum* (1974). Böll (1917–1985), Nobelpreisträger 1972, betonte wie Schiller das Unpoetische seines Textes und nannte ihn „Bericht", das Erzählen wird zur „Pflicht der Berichterstattung"[77]. Den Erzähler muss sich der Leser als „Berichterstatter"[78] vorstellen, der als „Hauptquellen: Vernehmungsprotokolle der Polizeibehörde"[79] u. Ä. zur Verfügung hat. Sein Material verwendet er wie Schillers Berichterstatter „ordnungsgemäß oder ordentlich" in einem „ausgesprochene(n) Ordnungsvorgang"[80]. Es geht um einen weiblichen „Verbrecher aus verlorener Ehre": Die sittenstrenge, außerordentlich beliebte und lebenstüchtige Katharina Blum nimmt am 20. Februar 1974 an einer Faschings-Party teil und verbringt anschließend die Nacht mit einem Mann, der, was sie nicht weiß, als Deserteur und wegen krimineller Delikte polizeilich gesucht wird. Sie ermöglicht ihm die Flucht. Katharina wird durch die Presse, insbesondere das Boulevardblatt ZEITUNG, verleumdet, in übler Weise verdächtigt und psychisch terrorisiert. Dementiert werden die Lügen, als sie sich als unhaltbar erweisen, nicht. Wie Schillers Christian Wolf, der nach jeder weiteren Wilddieb-Anzeige durch den Jäger Robert zunehmend kriminalisiert wurde und diesen Robert nach der dritten Anzeige erschoss, so erschießt Katharina Blum den Journalisten, der in drei Ausgaben der ZEITUNG Lügenberichte über sie lancierte. Die Wiederholung der Dreizahl ist sicher dem mythischen Charakter der Drei geschuldet; manche Details könnten auf Schiller verweisen – so

---

77 Heinrich Böll: *Die verlorene Ehre der Katharina Blum oder: Wie Gewalt entstehen und wohin sie führen kann. Erzählung*. Leipzig: Insel-Verlag, 1975 (Insel-Bücherei Nr. 1006), S. 7, 85

78 ebd., S. 94

79 ebd., S. 7

80 ebd., S. 8

der frühe Tod des Vaters von Katharina und Christian. Anderes stellt die Beziehung zu Schiller her: Katharinas Forderung an den Staat, „ihre verlorene Ehre wiederherzustellen"[81] oder der ausführliche Bericht Katharinas, protokolliert als „ihre Aussage"[82]. Wie Schiller ging es auch Böll um die Erziehung der Leser, außerdem wollte Böll die Boulevardpresse und ihre Journalisten entlarven, die um der Sensation willen Menschen ehrlos machen und „unschuldige Menschen um Ehre, Ruf und Gesundheit ... bringen"[83]. Wie Christian Wolf bei Schiller zum Verbrecher wurde, weil man ihn ohne Rücksicht auf seine Gefühlswelt kriminalisierte, so wurde Bölls Katharina Blum zur Gewalttäterin, weil ihre Gefühlswelt missachtet und ihre Ehre zerstört wurde. Bölls Erzählung wurde ein riesiger Erfolg: Vom August bis zum Jahresende 1974 wurden 200 000 Exemplare verkauft. Die Reaktionen waren nicht nur unterschiedlich, sondern polar; das Buch „umstritten" zu nennen, würde die Auseinandersetzung verkleinern. Es wurde rigoros verrissen und begeistert gefeiert. Dass hinter diesen Reaktionen gegensätzliche politische Haltungen standen, war schnell offensichtlich: „Zwitter aus Schmähschrift und Kolportage"[84] einerseits und „Meisterwerk, das Bölls unumstrittene literarische Position wieder einmal bestätigt"[85], andererseits. Unter den Reaktionen gab es auch Vergleiche mit Schillers Erzählung (s. S. 91 der vorliegenden Erläuterung). Die Verfilmung der Erzählung (1975, Regie: Volker Schlöndorff und Margarethe von Trotta) wurde ein internationaler Erfolg.

---

81 ebd., S. 57

82 ebd., S. 46

83 ebd., S. 103

84 Günther Schloz in der *Deutschen Zeitung / Christ und Welt*. Die Reaktionen wurden ausgewertet in dem sorgsam registrierenden und konfrontierenden Aufsatz: Hanjo Kesting: *Katharina Blum – Eine Romanfigur und ihre Kritiker*. In: die horen. Zeitschrift für Literatur, Grafik und Kritik. Redaktion: Peter K. Kirchhof u. a., 25. Jahrgang, Band 4/1980, Ausgabe 120. Bremerhaven: Wirtschaftsverlag NW, S. 86–97, hier: S. 86

85 Dieter Lattmann im *Vorwärts*. In: Hanjo Kesting, ebd., S. 87

Schillers Text hat sich fortlaufend **als Kriminalgeschichte bewährt**. Eine *Illustrierte Geschichte der Kriminalliteratur* (1984) verwendete den Eröffnungssatz der Erzählung „In der ganzen Geschichte der Menschheit ist kein Kapitel unterrichtender für Herz und Geist als die Annalen seiner Verirrungen" als Titel für die Beschreibung der Kriminalliteratur des 18. Jahrhunderts.[86]

Dramatisierungen

Dramatisierungen haben die Erzählung stets begleitet. 2005 brachten Christiane J. Schneider (Regie) und Jens Groß (Dramaturgie) die Erzählung auf die Bühne des Schauspiels Frankfurt am Main (Kleines Haus). Der Schauspieler Oliver Kraushaar spielte alle Rollen – Verteidiger, Staatsanwalt, Richter, Angeklagten – und konnte sein ganzes Können zeigen; in der Presse wurde vor allem seine Leistung und ihre Vielseitigkeit betont. Die Handlung folgte dem Text Schillers, der auf die genannten, so bei Schiller nicht vorhandenen Rollen verteilt und dadurch dramatisiert wurde: Der Originaltext wurde jedoch in anderer Reihenfolge vorgetragen, die Schuld Christian Wolfs vom Ende her analysierend. Wolfs Bitte um Gnade vor Recht entsprang seiner Not: „Schrecklich ist es mir, zu sterben, ohne gelebt zu haben."[87] Es entstand „ein kurzweiliges, erfrischendes, freches und bisweilen sehr amüsantes, vor allem aber ein überraschend heutiges Erzähltheater"[88].

Im Frühsommer 2007 stellte man in Mannheim die „Internationalen Schillertage" unter das Motto „Bestie Mensch". Eröffnet wurde das Festival mit Albert Ostermaiers Stück *Schwarze Minuten* (Regie: Burkhard C. Kosminski), das auf Schillers Erzählung basiert.

86 Waltraud Woeller: *Illustrierte Geschichte der Kriminalliteratur*. Leipzig: Edition Leipzig, 1984, S. 32

87 In: Allgemeine Zeitung Mainz, Feuilleton vom 25. Mai 2005 (hier wurde eine Stelle aus Wolfs brieflichem Gnadengesuch zitiert, 18)

88 www.schauspielfrankfurt.de

Ostermaier löste die romantisierenden, auch trivialisierenden Elemente des Räubers vom Sonnenwirt ab und verstärkte die sozialen und psychologischen Ursachen der Verbrechen.

Projekte

Schillers Erzählung eignet sich auch für Projekte in Schulen und Selbsthilfegruppen. 2005 versetzte der Sprecher und Schauspieler Michael Speer die Erzählung Schillers in eine Sprech- und Spielhandlung, die in Schulen aufgeführt wurde, die sich entlang der Lebensspur Christian Wolfs (Schwans) zwischen Ebersbach und Vaihingen/Enz befanden (2. Marbacher Projekt für junge Leute). Speer nannte die Produktion *Weg nach unten* und konfrontierte sie mit Verweisen auf Schillers eigene Entwicklung, die als Höhenflug wie eine Entgegnung zu Wolf wirke. Ein Schauspielprojekt *Der Verbrecher aus verlorener Ehre* unternahm 2005 das **Theater Lindenhof** (Melchingen auf der Schwäbischen Alb) in Zusammenarbeit mit „Hilfe zur Selbsthilfe e. V. Reutlingen, Sozialtherapeutische Wohngemeinschaft" (Regie: Stefan Hallmayer, Dramaturgie: Franz Xaver Ott). Der Ansatz für das Projekt war, wie aus einer kleinen Verfehlung und deren Verfolgung durch rücksichtslose Justiz schließlich aus einem gut veranlagten Menschen ein Verbrecher werden kann. Bei Schiller fand man das Zwangsläufige einer solchen Entwicklung. Gemeinsam mit ehemaligen Strafgefangenen wurde ein szenischer Abend erarbeitet, in dem heutige Biografien mit dem Lebenslauf Christian Wolfs konfrontiert wurden: „Ein klassischer Text wird auf seine Aktualität hin überprüft."[89] Die Presse lobte das Projekt: „Die Melchinger wollen nicht nur den Verbrecher im Menschen, sondern auch den Menschen im Verbrecher zeigen." (Schwäbisches Tageblatt)[90]; „So kann man

89 www.theater-lindenhof.de

90 Diese und die folgenden Zitate wurden zusammengestellt aus den „Pressestimmen" unter www.theater-lindenhof.de

Schiller im Schillerjahr 2005 spielen, einen klassischen Stoff in die Gegenwart holen. Das Publikum dankte es mit tosendem Applaus." (Hohenzollerische Zeitung); „Hallmayer schafft es, bei einem eigentlich traurigen Thema immer wieder Szenen einzustreuen, in denen befreiendes Lachen möglich ist. Und damit die Hoffnung, den Kreislauf zu durchbrechen." (Reutlinger Nachrichten); „... behutsame und umfassende Annäherung an die von Schiller aufgeworfene Frage gelungen: Wie gerät einer auf die schiefe Bahn?" (Schwarzwälder Bote). Die Erzählung wurde in der Öffentlichkeit, in Projekten und in der Schule verbreitet und hat zahlreiche Erläuterungen erfahren; die Literaturwissenschaft hat sich ihr gegenüber zurückgehalten. Selbst bei der Fülle von Büchern, Artikeln und Aufsätzen im Schillerjahr 2005 wurde sie nur selten, meist gar nicht erwähnt. Es ist, als scheue sich die Literaturwissenschaft vor einem Text, der seine Popularität in der Kriminal- und Unterhaltungsliteratur gefunden hat.

Die **Erinnerung an Christian Wolf** alias Johann Friedrich Schwan ist auch heute noch lebendig. Im Storchenturm (Gefängnisturm bis 1821) der Feste Stein (Königsbach-Stein in Baden-Württemberg) wird seit 2005 an ihn erinnert, dort wurde seine Frau, Christina Klein, genannt die Schwarze Christine, bis zu ihrer Hinrichtung eingekerkert. Sie brachte dort am 17. 1. 1760 ein Kind zur Welt; am 30. 6. 1760 wurde sie zu Vaihingen auf dem Hochgericht verurteilt. Sie starb am Galgen, Schwan wurde gerädert.

5. Materialien

Der berühmteste Theaterleiter des Naturalismus Otto Brahm beschrieb 1892, der Naturalismus hatte seinen Höhepunkt bereits überschritten, ausführlicher als alle Literaturgeschichten die Besonderheiten der Erzählung Schillers:

„Auf eine neue Kunst weist Schiller mit so tiefgreifenden Erörterungen (zu Beginn seiner Erzählung, R. B.) hin; aber der Einzelfall, an welchen er sie knüpft, ist ganz aus dem Geiste seines Jahrhunderts angesehen: Für Toleranz kämpft er, für Milde des gesetzlichen und moralischen Urteils, und will darstellen, wie nur die ‚verlorene Ehre' seinen Helden zum Verbrecher gemacht. Weil Armut und Liebe den Christian Wolf dazu gebracht haben, ‚honett zu stehlen', wird der Wilddieb zu Gefängnis und dann, mit dem Zeichen des Galgens auf dem Rücken, in die Festung geschickt: Denn ‚die Richter sahen in das Buch der Gesetze, aber nicht einer in die Gemütsverfassung des Beklagten'. Und nun erst wird Christian ein Mörder und ein Räuber, ein Menschenfeind wie Hutten und ein Feind der Gesellschaft wie Karl Moor: ‚Alle Menschen haben mich beleidigt', sagt er. … Schiller idealisiert die Gestalt frei, er gibt seinem Helden nicht nur ein auffallendes Maß von Bildung, sondern auch ein verfeinertes, abstraktes Ehrgefühl."[91]

Thomas Mann erklärte Schillers Neigung zu Abenteuerlichem mit dem „Künstlerkind", das in seiner Männlichkeit stecke:

„… das Lächeln, das wir uns gelegentlich zu verbeißen haben vor Schillerscher Grandiosität, gilt einem Ewig-Knabenhaften, das zu ihr gehört, dieser Lust am höheren Indianerspiel, am Abenteuerlichen und psychologisch Sensationellen, an der Plutarch-Biografie des Extremen, ungeheurer Tugend und erhabenen Verbrechens, –

91 Otto Brahm: *Schiller*. 2. Band, Berlin: Verlag von Wilhelm Hertz, 1892, S. 109 f.

dieser Phantasieentzündlichkeit für die ‚namenlose Größe' des Kronendiebstahls, für die Annalen menschlicher Verirrungen und seltener Verderbnisse des Charakters, den ‚Pitaval', die Geschichte merkwürdiger Verschwörungen und Rebellionen, Jesuiten-Intrigen, Inquisition, Bastille und Opfer des Glücksspiels ..."[92]

Dass man bei Schiller nur Dichtung zu finden meinte und dass die Erzählung ausschließlich als Poesie, nicht aber im Zusammenhang mit naturwissenschaftlichen Studien gesehen wurde, ist verbreitet und selbst bei dem Theoretiker Robert Petsch nachzulesen:

„Endlich kann der Dichter selbst mit größeren theoretischen Erörterungen über den Gesamtvorgang auftreten, die sich natürlich vor allem auf dessen innere Seite beziehen. ... Ein gutes Beispiel bietet Schillers ‚Verbrecher aus verlorener Ehre' mit seiner großen Einleitung, die scheinbar nur der richtigen Würdigung eines Falles (des ‚Falles Schwanen-Wirt' [Hier irrte Petsch, R. B.]!) gelten soll. Aber worauf es Schiller ankommt, und wohin seine rein psychologisch-sachliche Einleitung steuert, das ist die richtige, d. h. hier die menschliche Einstellung des Lesers zu den Vorkommnissen, die wieder niemand besser vermitteln kann als der Dichter. Die hohe Aufgabe, die unser Dichter seiner Kunst als Seelenkünderin und Seelenführerin zuschreibt, meldet sich da schon an."[93]

In der eingangs genannten Anthologie *Das verlorene Gewissen* gab man der Erzählung einen kurzen Kommentar mit, der ihr einen besonderen literaturgeschichtlichen Stellenwert zuschrieb:

---

92 Thomas Mann: *Versuch über Schiller. Seinem Andenken zum 150. Todestag in Liebe gewidmet.* In: Thomas Mann: Adel des Geistes. Berlin und Weimar: Aufbau-Verlag, 1965, S. 724. – Die „Annalen menschlicher Verirrungen" ist die Variation eines Zitats aus der Eröffnung von Schillers Erzählung *Der Verbrecher aus verlorener Ehre.*

93 Robert Petsch: *Wesen und Formen der Erzählkunst.* Deutsche Vierteljahrsschrift für Literaturwissenschaft und Geistesgeschichte, Buchreihe 20. Band. Halle: Max Niemeyer Verlag, 1942, S. 321

„Friedrich Schiller (1759–1805), unser größter Dramatiker, ist als Erzähler nur mit den beiden Kriminalgeschichten ‚Der Verbrecher aus verlorener Ehre' und ‚Der Geisterseher' hervorgetreten. Während die letztere Erzählung nicht auf der Höhe seines sonstigen Schaffens steht, hat Schiller mit dem ‚Verbrecher aus verlorener Ehre', anfangs ‚Der Verbrecher aus Infamie' betitelt, die erste hervorragende deutsche Kriminalnovelle geschaffen."[94]

In den kontroversen Aussagen zu Heinrich Bölls *Die verlorene Ehre der Katharina Blum* (1974) gab es auch Vergleiche mit Schillers Erzählung. Hanjo Kesting, der die Reaktionen auswertete, fand folgende auszugsweise wiedergegebene Rezension „für die zutreffendste, gerechteste, einfühlsamste":

„Friedrich Schiller schrieb 1786 eine Erzählung über die Entstehung von Kriminalität in der feudalistischen Gesellschaft. Der Held, ein verarmter Gastwirtssohn, findet keinen sinnvollen Platz in der dörflichen Gesellschaft, er gerät wegen wiederholten Wilderns ins Gefängnis, und diese Institution macht ihn zum Mörder und späteren Häuptling einer Räuberbande, zum ‚Verbrecher' aus verlorener Ehre! 1974 hat Heinrich Böll eine Erzählung über die Entstehung von Gewalt in der untergehenden bürgerlichen Gesellschaft geschrieben ... Kriminalität als übermäßige Reaktion auf bestimmte gesellschaftliche Zwänge ist ein klassisches literarisches Thema. Der Rang einer solchen Geschichte bemisst sich an einem traditionellen, gleichwohl für das Erzählen unentbehrlichen Maßstab: dem Verhältnis, in das das Besondere, Individuelle, Zufällige zum Allgemeinen, gesellschaftliche Relevanten, jeden Betreffenden tritt.

Dieses Allgemeine ist nun nicht ein sich Gleichbleibendes, Ewig-Menschliches, sondern eine geschichtliche konkrete Situation, und

94 Franz Fabian (Hrsg.): *Das verlorene Gewissen. Kriminalerzählungen der Weltliteratur.* Weimar: Gustav Kiepenheuer Verlag, 1959, S. 355

die Schärfe, in der ihre Widersprüche erfasst werden, entscheidet mit über den Rang solcher realistischer Literatur."[95]

Im Nachwort zu einer Neuausgabe (1988) von Hermann Kurz: *Der Sonnenwirt* (erstmals 1854) geht Hainer Plaul ausführlich auf Schiller ein und gibt eine schlüssige Einschätzung zu Schillers Darstellung des Geschehens:

„Allerdings ist bei seinem (Schillers, R. B.) Helden Christian Wolf mehr die äußere als die innere Biografie mit der des historischen Sonnenwirts identisch. Das hatte mit seiner Absicht zu tun, ein bestimmtes Grundmuster zur Anschauung zu bringen. Auf den Punkt gebracht, erklärt hier Schiller das Abgleiten in die Kriminalität hauptsächlich als Folge von Verweigerung menschlicher Zuwendung in welcher Form auch immer. Der geschichtliche Johann Friedrich Schwan mit seiner intensiven Liebe zur Kleinbauerntochter Christine Müller, die von ihr mit gleicher Heftigkeit erwidert wurde, taugte dafür natürlich nicht. Schiller benötigte eine andere, und zwar eine widersprüchliche, von inneren Spannungen und Konflikten gepeinigte Individualität für seinen Helden. Und so stattete er seinen ‚Sonnenwirt' mit einer starken Sinnlichkeit und zugleich mit einem unansehnlichen, ja geradezu hässlichen Äußeren aus, das ihm überall, vor allem beim weiblichen Geschlecht, nur Ablehnung, Demütigung, Hohn und Spott eintrug. ... Für Schiller lagen nach dieser Erzählung die Gründe für den Irrweg ins gesellschaftliche Abseits eindeutig im Bereich des Psychischen. Soziale Ursachen werden nur am Rande erwähnt ..."[96]

---

95 Dorothee Sölle im Merkur. In: Hanjo Kesting: *Katharina Blum – Eine Romanfigur und ihre Kritiker.* In: die horen. Zeitschrift für Literatur, Grafik und Kritik. Redaktion: Peter K. Kirchhof u. a.. Bremerhaven: Wirtschaftsverlag NW, 25. Jahrgang, Band 4/1980, Ausgabe 120, S. 96

96 Hainer Plaul: *Nachwort.* In: Hermann Kurz: Der Sonnenwirt. Berlin: Verlag Das Neue Berlin, 1988, S. 398

Literatur

1) Ausgaben und andere Primärliteratur

Schiller, Friedrich: *Der Verbrecher aus verlorener Ehre. Eine wahre Geschichte.* 160. Hamburger Leseheft. Husum/Nordsee: Hamburger Lesehefte Verlag, 2005.
(Nach dieser Ausgabe wird zitiert.)

Schiller, Friedrich: *Der Verbrecher aus verlorener Ehre.* In: Schillers Werke (Nationalausgabe). Hrsg. im Auftrag des Goethe- und Schiller-Archivs und des Schiller-Nationalmuseums von Julius Petersen und Hermann Schneider. Bd. XVI, hrsg. von Hans Heinrich Borcherdt: Erzählungen. Weimar: Hermann Böhlaus Nachfolger, 1954.
(Von der Hamburger-Lesehefte-Ausgabe abweichende Ergänzungen und Varianten werden nach dieser Ausgabe zitiert. Sigle: NA und Seitenangabe, bei anderen Texten aus der Nationalausgabe NA, Band- und Seitenangabe:)

Schiller Friedrich: *Gedichte.* In: Schillers Werke (Nationalausgabe). Hrsg. im Auftrag des Goethe- und Schiller-Archivs, des Schiller-Nationalmuseums und der Deutschen Akademie von Julius Petersen und Gerhard Fricke. Bd. I, hrsg. von Julius Petersen und Friedrich Beißner. Weimar: Hermann Böhlaus Nachfolger, 1943.

Schiller Friedrich: *Die Räuber.* In: Schillers Werke (Nationalausgabe). Hrsg. im Auftrag des Goethe- und Schiller-Archivs und des Schiller-Nationalmuseums von Julius Petersen und Hermann Schneider. Bd. III, hrsg. von Herbert Stubenrauch. Weimar: Hermann Böhlaus Nachfolger, 1953.

Schiller Friedrich: *Dramatische Fragmente.* In: Schillers Werke (Nationalausgabe). Hrsg. im Auftrag der Nationalen Forschungs- und Gedenkstätten der klassischen deutschen Literatur (Goethe- und Schiller-Archiv) und des Schiller-Nationalmuseums in Marbach von Norbert Oellers und Siegfried Seidel. Bd. XII, in Zusammenarbeit mit Klaus Harro Hilzinger und Karl-Heinz Hucke hrsg. von Herbert Kraft. Weimar: Hermann Böhlaus Nachfolger, 1982.

Schiller Friedrich: *Vermischte Schriften.* In: Schillers Werke (Nationalausgabe). Hrsg. im Auftrag des Goethe- und Schiller-Archivs und des Schiller-Nationalmuseums von Julius Petersen und Hermann Schneider. Bd. XXII, hrsg. von Herbert Meyer. Weimar: Hermann Böhlaus Nachfolger, 1958.

Schiller, Friedrich: *Gespräche.* In: Schillers Werke (Nationalausgabe). Begründet von Julius Petersen, hrsg. im Auftrag der Nationalen Forschungs- und Gedenkstätten der klassischen deutschen Literatur in Weimar (Goethe- und Schiller-Archiv) und des Schiller-Nationalmuseums in Marbach von Lieselotte Blumenthal und Benno von Wiese. Bd. XLII, unter Mitwirkung von Lieselotte Blumenthal hrsg. von Dietrich Germann und Eberhard Haufe. Weimar: Hermann Böhlaus Nachfolger, 1967.

Schiller, Friedrich: *Der Verbrecher aus verlorener Ehre und andere Erzählungen.* Nachwort von Bernhard Zeller. Stuttgart: Philipp Reclam jun., 2002 (Universal-Bibliothek Nr. 8891).

Schiller, Friedrich: *Der Verbrecher aus verlorener Ehre.* Aufs Neue ans Licht geholt und mit Erkundungen zum Dichter- und Räuberleben der republikanischen Freiheit des lesenden Publikums anheimgestellt von Horst Brandstätter. Wagenbachs Taschenbücherei (WAT 117), Berlin: Wagenbach, 1984.

Schiller, Friedrich: *Vorrede zu dem ersten Teile der merkwürdigsten Rechtsfälle nach Pitaval.* In: Schiller: Sämtliche Werke. 11. Band, Leipzig: Max Hesses Verlag, o. J.

Schillers Briefe. Hrsg. und mit Anmerkungen versehen von Fritz Jonas. Kritische Gesamtausgabe in sieben Bänden. Stuttgart, Leipzig, Berlin, Wien: Deutsche Verlags-Anstalt, 1892–1896.

2) Lernhilfen und Kommentare für Schüler

Bogdal, Klaus-Michael: *Geschichte in der Erzählung: Heinrich von Kleist: Michael Kohlhaas, Friedrich Schiller: Der Verbrecher aus verlorener Ehre. Anregungen für den Literaturunterricht.* Stuttgart: Ernst Klett Verlag, 1986.

Diekhans, Johannes (Hrsg.): *Friedrich Schiller. Der Verbrecher aus verlorener Ehre.* Erarbeitet, mit Anmerkungen und Materialien versehen von Hendrik Madsen und Rainer Madsen. (Einfach Deutsch) Paderborn: Ferdinand Schöningh (Bildungshaus Schulbuchverlage), 2006.

Grawe, Christian: *Friedrich Schiller. Die Räuber.* Erläuterungen und Dokumente. Stuttgart: Philipp Reclam jun., 1993 (Universal-Bibliothek Nr. 8134).
(In der auch für die Erzählung aufschlussreichen Erläuterung findet sich ein Kapitel über den „Sonnenwirt" [S. 122 f.].)

Köpf, Gerhard: *Friedrich Schiller: Der Verbrecher aus verlorener Ehre. Überlegungen zu einer kommunikationsorientierten Erzähltext-Analyse.* In: Blätter für den Deutschlehrer. München, September 1978, Heft 3.
(Die Erläuterung gibt einen Überblick zum historischen Fall, zur Stoffgeschichte und zu den Bearbeitungen.)

Mahl, Bernd: *Friedrich Schiller. Der Verbrecher aus verlorener Ehre; Jacob Friedrich Abel. Lebens-Geschichte Fridrich Schwans mit Materialien.* Stuttgart, Düsseldorf, Leipzig: Ernst Klett Verlag, 2006 (Editionen für den Literaturunterricht).

Poppe, Reiner: *Friedrich Schiller. Der Verbrecher aus verlorener Ehre.* Lektüreschlüssel für Schüler. Stuttgart: Philipp Reclam jun., 2005 (Universal-Bibliothek Nr. 15353).
(Die Erläuterung hat faktografische Mängel und stellt Christian Wolf als „gemütskranken Menschen", sogar als „geistesgestörte[n] Straftäter" [S. 14] dar, wofür es keinen Beleg gibt.)

3) Sekundärliteratur

Alt, Peter-André: *Schiller. Leben – Werk – Zeit.* 2 Bde. München: C. H. Beck, 2000.
(Eine verlässliche und gründliche Arbeit, die Forschungsarbeiten gut verarbeitet hat und übersichtlich darstellt.)

Alt, Peter-André: *Friedrich Schiller.* München: C. H. Beck, 2004.
(Als kurze Einführung geeignet.)

Burschell, Friedrich: *Friedrich Schiller* mit Selbstzeugnissen und Bilddokumenten. Hamburg: Rowohlt, [29]1995.
(Zur Erzählung findet sich in der knappen Darstellung ein Satz, mit Fakten wird großzügig umgegangen.)

Damm, Sigrid: *Das Leben des Friedrich Schiller. Eine Wanderung.* Frankfurt a. M., Leipzig: Insel, 2004.
(Die lesenswerte, persönlich geschriebene Biografie bietet zum literarischen Werk wenig, zu der Erzählung nichts.)

Freund, Winfried: *Friedrich Schiller. Der Verbrecher aus verlorener Ehre.* In: Winfried Freund: Die deutsche Kriminalnovelle von Schiller bis Hauptmann. Einzelanalysen unter sozialgeschichtlichen und didaktischen Aspekten. Paderborn: Ferdinand Schöningh, 1975, S. 12–21.

Greiner, Martin: *Die Entstehung der modernen Unterhaltungsliteratur.* Studien zum Trivialroman des 18. Jahrhunderts, hrsg. und bearbeitet von Therese Poser. Reinbek bei Hamburg: Rowohlts Taschenbuch Verlag, 1964.
(Es wird u. a. in die Prosa Schillers eingeführt, die – besonders ‚Der Geisterseher' – gerecht bewertet und dargestellt wird, S. 126–140.)

Jacobsen, Roswitha: *Die Entscheidung zur Sittlichkeit. Friedrich Schiller: Der Verbrecher aus verlorener Ehre* (1786). In: Winfried Freund (Hrsg.): Deutsche Novellen. Von der Klassik bis zur Gegenwart. München: Wilhelm Fink Verlag, 1993, ^{2}1998 (UTB 1753), S. 15–25, 338.

Koopmann, Helmut: *Schiller-Kommentar.* Bd. 1 zu den Dichtungen. München: Winkler-Verlag, 1969.
(Kurze Darstellung der Entstehung und Überlieferung.)

Mayer, Hans: *Schiller und die Nation.* In: Hans Mayer: Studien zur deutschen Literaturgeschichte. Berlin: Rütten & Loening, 1955 (Neue Beiträge zur Literaturwissenschaft, Bd. 2).

Midell, Eike: *Friedrich Schiller. Leben und Werk.* Leipzig: Philipp Reclam jun., 1980 (Universal-Bibliothek Nr. 800).
(Die lesenswerte Interpretation in der sehr guten Biografie stellt die Erzählung an den Beginn „eines aufklärerischen Moralismus", den Schiller beibehalten habe, S. 186 f.)

Oellers, Norbert: *Schiller. Elend der Geschichte, Glanz der Kunst.* Stuttgart: Philipp Reclam jun., 2005.
(Fern allem Spekulativen wird eine umfangreiche, sachlich begründete und gesicherte Interpretation geboten, S. 383–390.)

Safranski, Rüdiger: *Schiller oder Die Erfindung des Deutschen Idealismus.* München, Wien: Carl Hanser, 2004.
(Gelobte, im Interpretatorischen und Faktografischen aber spekulative Biografie, auch Falsches – und letztlich wenig Neues, zur erläuterten Erzählung bietet die Darstellung nichts.)

Sautermeister, Gert: *Unverjährte Aufklärung. Schillers „Der Verbrecher aus verlorener Ehre".* In: die horen. Zeitschrift für Literatur, Kunst und Kritik. Hrsg. von Kurt Morawietz. Bremerhaven: Wirtschaftsverlag NW, 30. Jahrgang, Band 4/1985, Ausgabe 140.
(Die Aktualität der Erzählung Schillers wird ausführlich begründet.)

Wiese, Benno von: *Die deutsche Novelle von Goethe bis Kafka.* Interpretationen. Düsseldorf: Bagel, 1956 und öfter.
(Darin Benno von Wieses Interpretation ‚Der Verbrecher aus verlorener Ehre', die bestimmenden Elemente einer Novelle – den „eigentlichen Mittelpunkt" – werden vermisst.)

Wilpert, Gero von: *Schiller-Chronik. Sein Leben und Schaffen.* Stuttgart: Alfred Kröner, 1958; Berlin: Akademie, 1959.
(Wichtigstes Hilfsmittel für die Beschäftigung mit Schillers Leben und der Entstehung der Werke.)

Wölfel, Kurt: *Friedrich Schiller.* München: dtv, 2004 (dtv portrait).
(Die Erzählung wird beiläufig erwähnt.)

Wolzogen, K(C)aroline von: *Schillers Leben*. Stuttgart: Verlag der J. G. Cotta'schen Buchhandlung, o. J. (1880); Reprint: Caroline von Wolzogen: Gesammelte Schriften. Bd. 2: Schillers Leben. Mit einer Einleitung von Peter Boerner. Hildesheim: Georg Olms, 2004.
(Diese erste gute Schiller-Biografie (1830) ist in persönlichen Abschnitten entproblematisiert, etwa das Verhältnis Schillers zu beiden Schwestern betreffend, aber in den zeitgenössischen Bezügen außerordentlich wichtig. Wolzogen folgende Biografien bedienen sich hier ausgiebig.)